प्रस्तावना

तुलसीदास भारतीय साहित्य के उस महान कवि और संत हैं, जिनकी काव्य रचनाएँ सदियों से भारतीय समाज और संस्कृति पर अपनी अमिट छाप छोड़ती आ रही हैं। उनके जीवन और कृतियों ने न केवल भक्ति आंदोलन को एक नया आयाम दिया बल्कि समाज सुधार और धार्मिक जागरण में भी महत्वपूर्ण भूमिका निभाई। तुलसीदास का प्रमुख ग्रंथ 'रामचरितमानस' आज भी भारत के हर कोने में भक्तिभाव से गाया और पढ़ा जाता है।

इस पुस्तक का उद्देश्य तुलसीदास की साहित्य साधना को विस्तार से समझना और उनके साहित्यिक योगदान का समग्र मूल्यांकन करना है। तुलसीदास के जीवन, उनकी काव्य रचनाओं, उनकी भाषा और शैली, और उनके समाज सुधार के प्रयासों को इस पुस्तक में समाहित किया गया है।

तुलसीदास की रचनाएँ उनकी गहन भक्ति, काव्य प्रतिभा, और समाज के प्रति उनकी गहरी संवेदनशीलता का प्रमाण हैं। इस पुस्तक के माध्यम से हम तुलसीदास की साहित्य साधना की यात्रा में गहरे उतरेंगे और उनके साहित्यिक संसार की गहराइयों को समझने का प्रयास करेंगे।

डॉ. जितेश्वर कुमार पांडेय

सहायक कुलसचिव (प्रशासन)

राष्ट्रीय खाद्य प्रौद्योगिकी उद्यमिता और प्रबंधन संस्थान,

कुंडली, सोनीपत, हरियाणा

ईमेल: jiteshwarpandey1@gmail.com

मोबाइल नं.: 9452511723

अनुक्रमणिका

प्रस्तावना

अध्याय: 1

तुलसीदास का जीवन और काल

प्रारंभिक जीवन

तुलसीदास, भारतीय भक्ति साहित्य के प्रमुख कवि और संत, का जन्म 1532 ईस्वी में उत्तर प्रदेश के राजापुर (आज के संतकबीर नगर जिले में) में हुआ। उनका जन्म एक ब्राह्मण परिवार में हुआ था, और उनके पिता का नाम गुलाबो और माता का नाम हलकु था। तुलसीदास का जीवन और कार्य उनके समय की सामाजिक, धार्मिक, और सांस्कृतिक परिस्थितियों को समझने में सहायक हैं। बचपन में ही माता-पिता के निधन के बाद, तुलसीदास का पालन-पोषण उनके गुरु नरहरिदास ने किया। बचपन में ही तुलसीदास के अंदर आध्यात्मिकता और भक्ति की भावना जागृत हो गई थी।

युवावस्था और शिक्षा

तुलसीदास का प्रारंभिक जीवन बहुत कठिन था। उन्होंने अपने बचपन में ही शिक्षा और संस्कार की कमी महसूस की, और युवा अवस्था में ही वे समाज के अन्याय और पाखंड से परेशान हो गए थे। उन्होंने विशेष रूप से वेदों, पुराणों, और शास्त्रों का अध्ययन किया और धार्मिक और नैतिक जीवन की गहराई को समझा। उनकी शिक्षा का प्रमुख उद्देश्य धार्मिक और आध्यात्मिक ज्ञान प्राप्त करना था। तुलसीदास ने वेद, पुराण, और संस्कृत साहित्य का गहन अध्ययन किया, जो उनके काव्य और भक्ति की गहराई को दर्शाता है। तुलसीदास ने वाराणसी में अध्ययन किया, जहाँ उन्होंने संस्कृत और वेदों का ज्ञान प्राप्त किया। उनकी शिक्षा और आध्यात्मिकता का गहरा प्रभाव उनकी रचनाओं में स्पष्ट रूप से दिखाई देता है। उन्होंने अपनी भक्ति और ज्ञान को साहित्यिक रूप में प्रस्तुत किया, जो भारतीय समाज में एक महत्वपूर्ण स्थान रखता है।

विवाह और पारिवारिक जीवन

तुलसीदास का विवाह एक युवा कन्या से हुआ, लेकिन उनके पारिवारिक जीवन में बहुत जल्द संकट आया। उनकी पत्नी की मृत्यु ने उन्हें गहरे दुख और आत्ममंथन की स्थिति में डाल दिया। इस दुखद घटना ने उनकी भक्ति और आत्मा की गहराई को और भी गहरा किया।

इस दुखद घटना के बाद, तुलसीदास ने गृहस्थ जीवन का परित्याग कर दिया और पूर्णकालिक भक्ति और साधना की ओर अग्रसर हो गए। उन्होंने एक सन्यासी के रूप में जीवन बिताने का निर्णय लिया, जिससे उनके भक्ति साहित्य पर गहरा प्रभाव पड़ा।

तुलसीदास और उनकी पत्नी का संबंध एवं संत बनने का कारण:

गोस्वामी तुलसीदास का नाम भारतीय संत साहित्य में एक उज्ज्वल नक्षत्र की भांति है। उनकी अमर कृति "रामचरितमानस" ने न केवल उन्हें अद्वितीय काव्यशक्ति का प्रतीक बनाया, बल्कि भक्ति आंदोलन में भी उनकी अहम भूमिका रही। तुलसीदास के जीवन का एक महत्वपूर्ण मोड़ उनकी पत्नी रत्नावली के साथ उनके संबंध और उनके संत बनने के पीछे की कहानी से जुड़ा है। यह कहानी न केवल रोमांचक है, बल्कि प्रेरणादायक भी है, जो आत्मज्ञान और आध्यात्मिकता की ओर उनकी यात्रा को दर्शाती है।

1. तुलसीदास का प्रारंभिक जीवन

तुलसीदास का जन्म 1532 में उत्तर प्रदेश के राजापुर गाँव में हुआ था। उनका जन्म एक ब्राह्मण परिवार में हुआ था और उनका बचपन कष्टमय रहा। जन्म के तुरंत बाद ही उनकी माता का निधन हो गया और पिता ने भी उन्हें

त्याग दिया। तुलसीदास का पालन-पोषण उनकी दाई हुलसी ने किया। प्रारंभिक जीवन के ये कष्ट और संघर्ष ने उनकी संवेदनशीलता और जीवन दृष्टि को गहराई से प्रभावित किया।

2. तुलसीदास और रत्नावली का विवाह

तुलसीदास का विवाह रत्नावली नामक एक सुंदर और विदुषी कन्या से हुआ था। रत्नावली का सौंदर्य और उनकी विद्वत्ता तुलसीदास को मोहित कर देती थी। तुलसीदास अपने जीवन में रत्नावली के प्रति अत्यधिक आसक्त थे और उनके प्रेम में पूर्णतः डूबे हुए थे। यह प्रेम अत्यधिक और व्यक्तिगत था, जो उनके जीवन का केंद्र बन गया था।

3. तुलसीदास की आसक्ति और रत्नावली का उपदेश

तुलसीदास की अपनी पत्नी के प्रति अत्यधिक आसक्ति और प्रेम के कई किस्से हैं। सबसे प्रसिद्ध कथा के अनुसार, एक बार जब रत्नावली अपने मायके गईं, तो तुलसीदास उनसे मिलने की व्याकुलता में सारी रात बारिश में भीगते हुए उनके मायके पहुँच गए। इस प्रेम और आसक्ति को देखकर रत्नावली ने तुलसीदास को एक गहरा और आध्यात्मिक उपदेश दिया। उन्होंने कहा:

_"अस्थि चर्म मय देह मम, तामें ऐसी प्रीति।

तैसी जो श्रीराम में, होत न तो भवभीत।"_

अर्थात्, "मेरे इस अस्थि और चर्म से बने शरीर में तुम इतनी प्रीति करते हो, अगर यही प्रीति तुम श्रीराम में करोगे, तो तुम्हें भवसागर से मुक्ति मिल जाएगी।"

4. रत्नावली के उपदेश का प्रभाव

रत्नावली के इस उपदेश ने तुलसीदास के जीवन को पूरी तरह बदल दिया। उन्होंने अपनी पत्नी के शब्दों में गहरा सत्य देखा और आत्मज्ञान की ओर अग्रसर होने का निर्णय लिया। इस उपदेश ने उन्हें सांसारिक मोह-माया से ऊपर उठकर भगवान राम की भक्ति की ओर प्रेरित किया। यह तुलसीदास के जीवन का वह मोड़ था, जिसने उन्हें एक महान संत और कवि बना दिया।

5. तुलसीदास का संत बनने की यात्रा

रत्नावली के उपदेश के बाद, तुलसीदास ने सांसारिक जीवन का त्याग कर दिया और भगवान राम की भक्ति में लीन हो गए। उन्होंने तीर्थयात्रा की और संतों और साधुओं के संगत में रहकर आध्यात्मिक शिक्षा प्राप्त की। उनके संत बनने की यात्रा में कई महत्वपूर्ण घटनाएँ और अनुभव शामिल हैं, जिन्होंने उनकी भक्ति को और गहरा किया।

5.1 तीर्थयात्रा और साधु संगति

तुलसीदास ने विभिन्न तीर्थ स्थलों की यात्रा की और वहां के संतों और साधुओं के संगत में रहकर आध्यात्मिक शिक्षा प्राप्त की। इन यात्राओं ने उन्हें आत्मज्ञान की गहराईयों तक पहुँचाया और उनके भक्ति मार्ग को और प्रबल किया।

5.2 आध्यात्मिक अनुभव

तुलसीदास के संत बनने की यात्रा में उनके कई आध्यात्मिक अनुभव महत्वपूर्ण रहे। भगवान राम के प्रति उनकी भक्ति और समर्पण ने उन्हें आत्मज्ञान की उच्च अवस्था तक पहुँचाया। इन अनुभवों ने उनके भक्ति साहित्य को भी गहरा और प्रभावशाली बनाया।

6. तुलसीदास की रचनाएँ और भक्ति साहित्य

तुलसीदास ने कई महत्वपूर्ण भक्ति साहित्य रचनाएँ कीं, जिनमें "रामचरितमानस" सबसे प्रमुख है। उनकी रचनाओं ने भक्ति आंदोलन को एक नई दिशा दी और उन्हें एक महान संत और कवि के रूप में प्रतिष्ठित किया।

6.1 रामचरितमानस

रामचरितमानस तुलसीदास की सबसे प्रमुख और प्रसिद्ध रचना है। यह ग्रंथ भगवान राम की जीवनकथा को सरल और प्रभावशाली तरीके से प्रस्तुत करता है। इसमें भगवान राम के चरित्र, उनकी लीलाओं, और उनके आदर्शों का विस्तृत वर्णन किया गया है।

6.2 कवितावली, गीतावली, और विनय पत्रिका

तुलसीदास की अन्य प्रमुख रचनाओं में "कवितावली," "गीतावली," और "विनय पत्रिका" शामिल हैं। इन रचनाओं में भी भगवान राम के प्रति उनकी गहरी भक्ति और प्रेम को प्रकट किया गया है। तुलसीदास की रचनाएँ केवल काव्य की दृष्टि से महत्वपूर्ण नहीं हैं, बल्कि वे भक्ति और आध्यात्मिकता के मार्गदर्शन के लिए भी महत्वपूर्ण हैं।

7. तुलसीदास की भक्ति और भारतीय समाज पर प्रभाव

तुलसीदास की भक्ति और उनकी रचनाओं ने भारतीय समाज पर गहरा प्रभाव डाला। उन्होंने भक्ति आंदोलन को एक नई दिशा दी और समाज में धार्मिक और सामाजिक सुधार की दिशा में महत्वपूर्ण योगदान दिया।

7.1 भक्ति आंदोलन को प्रोत्साहन

तुलसीदास की रचनाओं ने भक्ति आंदोलन को प्रोत्साहित किया और इसे व्यापक पहचान दिलाई। उनकी भक्ति ने लोगों को भगवान राम के प्रति प्रेम और समर्पण की प्रेरणा दी। उनके भजन और कीर्तन आज भी भक्ति संगीत का महत्वपूर्ण हिस्सा हैं।

7.2 धार्मिक सुधार

तुलसीदास ने धार्मिक सुधार की दिशा में भी महत्वपूर्ण योगदान दिया। उन्होंने धार्मिक अनुष्ठानों को सरल और सुलभ बनाया और जातिवाद और सामाजिक असमानता के खिलाफ आवाज उठाई। उनके उपदेशों ने समाज में धार्मिक समानता और सहिष्णुता को बढ़ावा दिया।

7.3 साहित्यिक और सांस्कृतिक योगदान

तुलसीदास ने भारतीय साहित्य और संस्कृति को भी महत्वपूर्ण योगदान दिया। उनकी रचनाओं ने भारतीय काव्य परंपरा को समृद्ध किया और सांस्कृतिक जीवन को एक नई दिशा दी।

तुलसीदास और उनकी पत्नी रत्नावली का संबंध केवल एक प्रेम कहानी नहीं है, बल्कि यह आत्मज्ञान और आध्यात्मिकता की एक प्रेरणादायक कथा है। रत्नावली के उपदेश ने तुलसीदास के जीवन को बदल दिया और उन्हें एक महान संत और कवि बना दिया। उनके संत बनने की यात्रा, उनकी रचनाएँ, और उनका समाज पर प्रभाव भारतीय भक्ति साहित्य और संस्कृति में अमूल्य योगदान है।

तुलसीदास की कथा हमें यह सिखाती है कि प्रेम और भक्ति की शक्ति जीवन को बदल सकती है और आत्मज्ञान की ओर प्रेरित कर सकती है। उनकी रचनाओं ने भारतीय समाज को धार्मिक, सामाजिक, और सांस्कृतिक दृष्टि से समृद्ध किया है और वे हमेशा एक प्रेरणास्त्रोत बने रहेंगे।

धार्मिक और आध्यात्मिक यात्रा

तुलसीदास की धार्मिक यात्रा ने उन्हें कई महत्वपूर्ण धार्मिक स्थलों पर यात्रा करने के लिए प्रेरित किया। उन्होंने वाराणसी, प्रयाग, और हरिद्वार जैसे प्रमुख तीर्थ स्थलों की यात्रा की। इन स्थलों पर उन्होंने भगवान राम के प्रति अपनी भक्ति को और गहरा किया और धार्मिक अनुभवों को समृद्ध किया। इस अवधि के दौरान, तुलसीदास ने संत और विद्वानों से मुलाकात की, जिन्होंने उनके धार्मिक दृष्टिकोण को प्रभावित किया। उनकी भक्ति और ध्यान की साधना ने उन्हें भगवान राम के प्रति अटूट प्रेम और श्रद्धा प्रदान की, जो उनकी रचनाओं में स्पष्ट रूप से झलकती है।

तुलसीदास की साहित्यिक यात्रा

तुलसीदास की साहित्यिक यात्रा ने उन्हें भारतीय भक्ति साहित्य के महान कवि के रूप में स्थापित किया। उन्होंने अपने जीवन के विभिन्न चरणों में कई प्रमुख ग्रंथों की रचना की, जिनमें 'रामचरितमानस', 'विनयपत्रिका', 'दोहावली', और 'कवितावली' शामिल हैं। इन रचनाओं में भगवान राम की भक्ति, धार्मिक और नैतिक विचारों, और समाज सुधार के संदेशों को प्रस्तुत किया गया है। उनकी साहित्यिक यात्रा में 'रामचरितमानस' सबसे प्रमुख ग्रंथ है, जिसे उन्होंने अवधी भाषा में लिखा। यह ग्रंथ भगवान राम के जीवन की कथा को सरल और प्रचलित भाषा में प्रस्तुत करता है, जिससे यह जन-साधारण के बीच अत्यधिक लोकप्रिय हुआ।

अंतिम वर्ष और मृत्यु

तुलसीदास ने अपने अंतिम वर्षों में भगवान राम की भक्ति और ध्यान की साधना में ही बिताए। उनका जीवन भक्ति, साधना, और काव्य की गहराई से परिपूर्ण था। उन्होंने अपने जीवन के अंतिम वर्षों में अपनी रचनाओं को पूर्ण किया और समाज को भक्ति और नैतिकता का महत्वपूर्ण संदेश दिया। तुलसीदास का निधन 1623 ईस्वी में

हुआ। उनकी मृत्यु के बाद भी उनकी रचनाएँ और भक्ति भावना आज भी भारतीय समाज और साहित्य में जीवित हैं। तुलसीदास का जीवन और कार्य भारतीय भक्ति साहित्य का अमूल्य हिस्सा हैं और उनके साहित्यिक योगदान ने भारतीय साहित्य और संस्कृति को समृद्ध किया है।

तुलसीदास का जीवन और काल उनके भक्ति साहित्य की गहराई और समृद्धि को समझने के लिए महत्वपूर्ण हैं। उनका जीवन कठिनाइयों और संघर्षों से भरा हुआ था, लेकिन उनकी भक्ति और साधना ने उन्हें भारतीय साहित्य के महान कवि के रूप में स्थापित किया। उनकी रचनाएँ और भक्ति भावना आज भी लोगों को प्रेरित करती हैं और भारतीय साहित्य और संस्कृति में महत्वपूर्ण स्थान रखती हैं।

अध्याय: 2

साहित्यिक यात्रा की शुरुआत

भक्ति आंदोलन और तुलसीदास का योगदान

15वीं और 16वीं शताब्दी में, भारत में भक्ति आंदोलन का प्रादुर्भाव हुआ जिसने भारतीय समाज और धार्मिक चेतना को एक नया आयाम दिया। भक्ति आंदोलन ने लोगों को व्यक्तिगत भक्ति और भगवान के प्रति प्रेम के माध्यम से मोक्ष प्राप्त करने की प्रेरणा दी।

इस आंदोलन का एक प्रमुख उद्देश्य जाति और धर्म के भेदभाव को मिटाकर समाज में एकता और समता का संदेश फैलाना था। तुलसीदास इस आंदोलन के प्रमुख स्तंभों में से एक थे। उनका काव्य और उनका भक्ति भाव उस समय की सामाजिक और धार्मिक परिस्थितियों में एक महत्वपूर्ण बदलाव लाने में सहायक सिद्ध हुआ। तुलसीदास ने अपने काव्य के माध्यम से भक्ति आंदोलन के सिद्धांतों को जन-जन तक पहुंचाया और लोगों को रामभक्ति की ओर प्रेरित किया।

तुलसीदास की प्रेरणा और मार्गदर्शक

तुलसीदास को उनकी भक्ति साधना में कई महापुरुषों और संतों से प्रेरणा मिली। उनके जीवन पर रामानंद, कबीर, सूरदास और अन्य भक्ति संतों का गहरा प्रभाव था। ये सभी संत अपने-अपने तरीके से समाज में भक्ति और प्रेम का प्रचार कर रहे थे और तुलसीदास ने उनके मार्गदर्शन में अपने काव्य की दिशा तय की। तुलसीदास का प्रमुख प्रेरणा स्रोत भगवान राम थे।

रामचरितमानस की रचना के पीछे उनका उद्देश्य राम के आदर्श चरित्र और उनके जीवन की महानता को समाज के सामने प्रस्तुत करना था। उन्होंने राम को आदर्श पुरुष और मर्यादा पुरुषोत्तम के रूप में चित्रित किया, जिससे लोग उनकी शिक्षाओं का पालन कर सकें और अपने जीवन को धर्म और नैतिकता के पथ पर अग्रसर कर सकें।

तुलसीदास के प्रमुख ग्रंथ और उनकी रचना प्रक्रिया

तुलसीदास की रचनाओं में 'रामचरितमानस' सबसे प्रमुख और प्रसिद्ध ग्रंथ है। इस महाकाव्य की रचना उन्होंने अवधी भाषा में की, जो उस समय की आम भाषा थी और जिसे जन-जन आसानी से समझ सकता था। रामचरितमानस की रचना करते समय तुलसीदास ने वाल्मीकि रामायण का अनुसरण किया, लेकिन उन्होंने अपने विचारों और भक्ति भावनाओं को भी इसमें समाहित किया।

रामचरितमानस की रचना की प्रक्रिया बहुत ही विशिष्ट और प्रेरणादायक थी। तुलसीदास ने काशी के विभिन्न मंदिरों और तीर्थस्थलों पर जाकर इसकी रचना की। कहा जाता है कि उन्होंने हनुमान जी की प्रेरणा से इस महाकाव्य की रचना की। उनकी रचनाओं में गहन भक्ति, काव्य कला, और समाज के प्रति उनकी संवेदनशीलता का स्पष्ट प्रतिबिंब दिखाई देता है।

अन्य प्रमुख ग्रंथ

रामचरितमानस के अलावा, तुलसीदास ने कई अन्य महत्वपूर्ण ग्रंथों की रचना की। इनमें प्रमुख हैं:

विनयपत्रिका: यह ग्रंथ भगवान राम के प्रति विनम्र प्रार्थनाओं और भजनों का संग्रह है। इसमें तुलसीदास ने अपने व्यक्तिगत अनुभवों और भक्ति भावनाओं को व्यक्त किया है।

दोहावली: इस ग्रंथ में तुलसीदास के दोहे संग्रहित हैं, जो संक्षिप्त और सटीक रूप में जीवन की गहरी सच्चाइयों और धार्मिक सिद्धांतों को प्रस्तुत करते हैं।

कवितावली: यह एक काव्य संग्रह है जिसमें तुलसीदास की विभिन्न कविताएँ संकलित हैं। इसमें समाज, धर्म, और नैतिकता पर तुलसीदास के विचार व्यक्त किए गए हैं।

गीतावली: यह ग्रंथ भगवान राम के जीवन के विभिन्न प्रसंगों को गीत रूप में प्रस्तुत करता है। इसमें राम के चरित्र, उनके आदर्श, और उनके जीवन की घटनाओं का सुंदर चित्रण है।

तुलसीदास की साहित्यिक यात्रा एक प्रेरणादायक यात्रा है जिसने भारतीय साहित्य को एक नया आयाम दिया। उनके काव्य में भक्ति, प्रेम, और समाज सुधार की भावना का अद्वितीय समावेश है। उनके साहित्यिक योगदान ने न केवल भक्ति आंदोलन को सशक्त किया, बल्कि भारतीय समाज को नैतिकता और धर्म के पथ पर चलने की प्रेरणा भी दी।

तुलसीदास की 'दोहावली':

गोस्वामी तुलसीदास, जिनका नाम भारतीय भक्ति साहित्य में स्वर्णाक्षरों में अंकित है, अपने उत्कृष्ट काव्य और भक्ति रचनाओं के लिए प्रसिद्ध हैं। उनकी महान रचनाओं में "रामचरितमानस," "कवितावली," "गीतावली," "विनयपत्रिका," और "दोहावली" विशेष महत्व रखती हैं। तुलसीदास की "दोहावली" एक अद्भुत रचना है जिसमें उन्होंने दोहों के माध्यम से धार्मिक, नैतिक, और सामाजिक उपदेशों को सरल और सटीक भाषा में प्रस्तुत किया है।

दोहावली का परिचय

दोहावली तुलसीदास द्वारा रचित एक महत्वपूर्ण काव्य संग्रह है जिसमें दोहा छंद का प्रयोग किया गया है। दोहा हिंदी काव्य का एक महत्वपूर्ण छंद है, जिसमें प्रत्येक पंक्ति में 24 मात्राएँ होती हैं और चार चरण होते हैं। तुलसीदास ने इस छंद के माध्यम से अपने गहन विचारों, अनुभवों, और धार्मिक उपदेशों को सरल और प्रभावशाली तरीके से प्रस्तुत किया है।

1. तुलसीदास का जीवन और उनकी प्रेरणा

तुलसीदास का जीवन एक साधक, संत, और महान कवि के रूप में प्रेरणादायक है। उनका जन्म 1532 ई. में उत्तर प्रदेश के राजापुर गांव में हुआ था। बचपन में ही माता-पिता के स्नेह से वंचित रहने के कारण उन्हें कठिनाइयों का सामना करना पड़ा।

तुलसीदास की रचनाओं में उनके व्यक्तिगत अनुभवों और धार्मिक आस्थाओं की गहरी छाप है। उनकी प्रेरणा के स्रोत भगवान राम और उनकी पत्नी रत्नावली थीं, जिनके उपदेश ने उन्हें सांसारिक जीवन से विमुख होकर भक्ति मार्ग पर चलने की प्रेरणा दी।

2. दोहावली की संरचना और विशेषताएँ

दोहावली में तुलसीदास ने दोहा छंद का प्रयोग किया है, जो हिंदी काव्य में विशेष महत्व रखता है। दोहा छंद की संरचना और विशेषताएँ निम्नलिखित हैं:

दोहा छंद की संरचना: दोहा छंद में प्रत्येक पंक्ति में 24 मात्राएँ होती हैं। दो पंक्तियों में चार चरण होते हैं, जिनमें प्रत्येक चरण में 13 और 11 मात्राएँ होती हैं। इसका स्वरूप कुछ इस प्रकार होता है:

अर्धः लघु लघु गुरु लघु, गुरु लघु लघु गुरु लघु।

अर्धः लघु लघु गुरु लघु, गुरु लघु लघु गुरु लघु॥

सरल और प्रभावशाली भाषा: दोहावली की भाषा सरल, सटीक, और प्रभावशाली है। तुलसीदास ने अपने विचारों और उपदेशों को सामान्य जनता तक पहुँचाने के लिए सरल भाषा का प्रयोग किया है।

धार्मिक और नैतिक उपदेश: दोहावली में तुलसीदास ने धार्मिक, नैतिक, और सामाजिक उपदेशों को प्रस्तुत किया है। उन्होंने भगवान राम की महिमा, भक्तों के कर्तव्यों, और जीवन के आदर्शों को सजीव रूप में प्रस्तुत किया है।

3. दोहावली के मुख्य विषय

दोहावली में तुलसीदास ने विभिन्न धार्मिक, नैतिक, और सामाजिक विषयों पर प्रकाश डाला है। इसके मुख्य विषय निम्नलिखित हैं:

3.1 भगवान राम की महिमा

तुलसीदास ने दोहावली में भगवान राम की महिमा और उनके आदर्शों को प्रमुखता दी है। उन्होंने भगवान राम के चरित्र, उनके गुणों, और उनकी लीलाओं का वर्णन किया है। उदाहरण के लिए:

राम नाम मनिदीप धरु जीह देहरीं द्वार।

तुलसी भीतर बाहेरहुँ जौं चाहसि उजियार॥

3.2 भक्ति और साधना

दोहावली में भक्ति और साधना के महत्व को भी स्पष्ट किया गया है। तुलसीदास ने भक्तों को भगवान के प्रति समर्पण, भक्ति, और साधना की प्रेरणा दी है। उन्होंने बताया है कि सच्ची भक्ति ही मनुष्य को जीवन के बंधनों से मुक्त कर सकती है:

तुलसी इस संसार में भांति भांति के लोग।

सबसे हियो न लागिए जो लोगन से सनेह॥

3.3 नैतिकता और आचार-विचार

तुलसीदास ने दोहावली में नैतिकता और आचार-विचार पर भी जोर दिया है। उन्होंने बताया है कि सत्य, ईमानदारी, और न्याय के मार्ग पर चलना ही सच्चे मनुष्य का धर्म है। उदाहरण के लिए:

साँच बराबर तप नहीं, झूठ बराबर पाप।

जाके हिरदै साँच है, ताके हिरदै आप॥

3.4 सामाजिक और धार्मिक समानता

तुलसीदास ने सामाजिक और धार्मिक समानता पर भी बल दिया है। उन्होंने जातिवाद, सामाजिक भेदभाव, और धार्मिक असमानता के खिलाफ आवाज उठाई है। उनका मानना था कि सभी मनुष्य एक समान हैं और सभी को समान अधिकार प्राप्त हैं:

निंदक नियरे राखिए, आँगन कुटी छवाय।

बिनु साबुन पानी बिना, निर्मल करे सुभाय॥

4. दोहावली के कुछ प्रमुख दोहे

तुलसीदास की दोहावली में कई महत्वपूर्ण और प्रसिद्ध दोहे शामिल हैं, जो उनकी काव्यशक्ति, भक्ति, और ज्ञान का प्रमाण हैं। निम्नलिखित कुछ प्रमुख दोहे हैं जो उनकी दोहावली की महत्ता को दर्शाते हैं:

4.1 साधना और भक्ति

तुलसी इस संसार में भांति भांति के लोग।

सबसे हियो न लागिए जो लोगन से सनेह॥

4.2 नैतिकता और आचार-विचार

साँच बराबर तप नहीं, झूठ बराबर पाप।

जाके हिरदै साँच है, ताके हिरदै आप॥

4.3 सामाजिक और धार्मिक समानता

निंदक नियरे राखिए, आँगन कुटी छवाय।

बिनु साबुन पानी बिना, निर्मल करे सुभाय॥

5. दोहावली का भारतीय समाज पर प्रभाव

तुलसीदास की दोहावली ने भारतीय समाज पर गहरा प्रभाव डाला है। इसने धार्मिक, नैतिक, और सामाजिक दृष्टि से समाज को मार्गदर्शन प्रदान किया है। निम्नलिखित बिंदुओं में इस प्रभाव का विश्लेषण किया गया है:

5.1 धार्मिक जागरूकता

दोहावली ने भारतीय समाज में धार्मिक जागरूकता को बढ़ावा दिया। तुलसीदास के दोहों ने भक्तों को भगवान राम के प्रति भक्ति और समर्पण की प्रेरणा दी।

5.2 नैतिक और सामाजिक सुधार

दोहावली ने नैतिक और सामाजिक सुधार की दिशा में भी महत्वपूर्ण योगदान दिया। तुलसीदास के उपदेशों ने समाज में सत्य, ईमानदारी, और न्याय के आदर्शों को प्रोत्साहित किया।

5.3 साहित्यिक और सांस्कृतिक योगदान

दोहावली ने भारतीय साहित्य और संस्कृति को भी महत्वपूर्ण योगदान दिया। तुलसीदास की काव्यशक्ति और उनकी भाषा की सरलता ने इस रचना को लोकप्रिय बनाया और इसे भारतीय काव्य परंपरा में एक महत्वपूर्ण स्थान दिलाया।

6. दोहावली की आलोचना और समालोचना

तुलसीदास की दोहावली को आलोचक और समालोचक दोनों ने महत्वपूर्ण माना है। इसके दोहों की गहराई, सरलता, और प्रभावशीलता को सराहा गया है। निम्नलिखित बिंदुओं में इसकी आलोचना और समालोचना का विश्लेषण किया गया है:

6.1 साहित्यिक मूल्य

दोहावली का साहित्यिक मूल्य अत्यधिक है। तुलसीदास की काव्यशक्ति और उनकी भाषा की सरलता ने इसे साहित्यिक दृष्टि से महत्वपूर्ण बना दिया है। उनके दोहों में गहरी धार्मिक और नैतिक बातें सरल और सजीव तरीके से प्रस्तुत की गई हैं।

6.2 भक्ति और साधना का महत्व

दोहावली में भक्ति और साधना के महत्व को प्रमुखता दी गई है। तुलसीदास ने भक्तों को भगवान के प्रति समर्पण और भक्ति की प्रेरणा दी है। उनके दोहे साधना के मार्गदर्शन के लिए महत्वपूर्ण हैं।

6.3 समाजिक और नैतिक उपदेश

दोहावली में सामाजिक और नैतिक उपदेशों को विशेष महत्व दिया गया है। तुलसीदास ने समाज में सत्य, ईमानदारी, और न्याय के आदर्शों को प्रोत्साहित किया है। उनके दोहों ने समाज को नैतिक और धार्मिक दृष्टि से समृद्ध किया है।

अध्याय: 3

रामचरितमानस

रामचरितमानस का संक्षिप्त परिचय

'रामचरितमानस' तुलसीदास द्वारा रचित एक महाकाव्य है, जो भगवान राम के जीवन, उनके आदर्शों और उनकी लीलाओं का विस्तृत वर्णन करता है। इस महाकाव्य को अवधी भाषा में लिखा गया है, जिससे इसे आम जनमानस तक पहुंचाने में आसानी हुई। 'रामचरितमानस' को भारतीय साहित्य का एक अमूल्य रत्न माना जाता है और इसे विश्व की महानतम धार्मिक और साहित्यिक कृतियों में शामिल किया जाता है।

रामचरितमानस की भाषा और शैली

'रामचरितमानस' की भाषा अवधी है, जो उस समय की लोकभाषा थी। तुलसीदास ने इस भाषा का चयन इसलिए किया ताकि उनके काव्य का संदेश व्यापक जनसमूह तक पहुंच सके। अवधी भाषा की सरलता और मिठास ने 'रामचरितमानस' को जन-जन में लोकप्रिय बना दिया।

शैली की दृष्टि से 'रामचरितमानस' में विविधता है। इसमें छंद, दोहे, चौपाई, सोरठा आदि का प्रयोग किया गया है, जो इसे काव्यात्मक दृष्टि से समृद्ध बनाता है। तुलसीदास ने भाषा के साथ-साथ शैली में भी उत्कृष्टता दिखाई है। उन्होंने विभिन्न छंदों का प्रयोग करके कथा को रोचक और आकर्षक बनाया है।

रामचरितमानस के प्रमुख पात्र और उनकी विशेषताएँ

1. **राम:** भगवान राम इस महाकाव्य के नायक हैं। वे मर्यादा पुरुषोत्तम और आदर्श पुरुष के रूप में चित्रित किए गए हैं। उनका जीवन नैतिकता, धर्म और सत्य के आदर्शों का प्रतीक है।

2. **सीता:** सीता राम की पत्नी और उनकी अनुगामिनी हैं। वे पवित्रता, त्याग और सच्चे प्रेम की प्रतिमूर्ति हैं। सीता का चरित्र भारतीय नारी के आदर्शों का प्रतिनिधित्व करता है।

3. हनुमान: हनुमान राम के परम भक्त और सेवक हैं। वे भक्ति, शक्ति और सेवा भावना के प्रतीक हैं। हनुमान का चरित्र अत्यंत प्रेरणादायक है और भक्ति आंदोलन में उनका विशेष स्थान है।

4. लक्ष्मण: लक्ष्मण राम के अनुज और उनके परम भक्त हैं। वे समर्पण, निष्ठा और भाईचारे के आदर्श का प्रतीक हैं।

5. रावण: रावण इस महाकाव्य के प्रमुख खलनायक हैं। वे अहंकार, अधर्म और अधिनायकवाद का प्रतीक हैं। उनके चरित्र के माध्यम से तुलसीदास ने अधर्म और अहंकार के परिणामों को स्पष्ट किया है।

रामचरितमानस का भारतीय समाज पर प्रभाव

'रामचरितमानस' का भारतीय समाज पर गहरा और व्यापक प्रभाव पड़ा है। इस महाकाव्य ने न केवल धार्मिक बल्कि सामाजिक और सांस्कृतिक दृष्टि से भी भारतीय समाज को प्रभावित किया है।

1. धार्मिक प्रभाव: 'रामचरितमानस' ने राम भक्ति को जन-जन तक पहुंचाया। राम और उनके आदर्शों को भारतीय समाज में गहराई से स्थापित किया। रामलीला और रामायण पाठ जैसी परंपराएं 'रामचरितमानस' के माध्यम से ही व्यापक रूप से प्रचलित हुईं।

2. सामाजिक प्रभाव: तुलसीदास ने 'रामचरितमानस' के माध्यम से जाति, वर्ग और लिंग भेदभाव के खिलाफ संदेश दिया। उन्होंने राम के चरित्र के माध्यम से सामाजिक समरसता, नैतिकता और न्याय का संदेश दिया।

3. सांस्कृतिक प्रभाव: 'रामचरितमानस' ने भारतीय संस्कृति में रामकथा को एक अभिन्न अंग बना दिया। रामायण कथा पर आधारित विभिन्न लोकनाट्य, नृत्य, गीत और नाटकों ने भारतीय सांस्कृतिक धरोहर को समृद्ध किया।

4. भाषा और साहित्य पर प्रभाव: 'रामचरितमानस' ने अवधी भाषा को एक नई पहचान दी। तुलसीदास की रचनाएँ हिंदी साहित्य में एक महत्वपूर्ण स्थान रखती हैं और उनके काव्य ने हिंदी साहित्य को समृद्ध किया।

रामचरितमानस: तुलसीदास का अनुपम काव्य

रामचरितमानस तुलसीदास की सर्वप्रमुख काव्य रचना है, जो भारतीय भक्ति साहित्य की एक अमूल्य धरोहर है। यह ग्रंथ भगवान राम के जीवन की कथा को सरल और प्रचलित भाषा अवधी में प्रस्तुत करता है, जिससे यह जन-साधारण के बीच अत्यधिक लोकप्रिय हुआ। इस ग्रंथ ने भारतीय भक्ति साहित्य, धर्म, और समाज पर गहरा प्रभाव डाला है। इस लेख में हम *रामचरितमानस* के महत्व, संरचना, विषयवस्तु, और उसके समाज पर प्रभाव की गहराई से समीक्षा करेंगे।

1. रामचरितमानस का महत्व

रामचरितमानस तुलसीदास द्वारा रचित एक महाकाव्य है, जो भगवान राम के जीवन, उनकी लीलाओं और उनके आदर्शों का विस्तृत वर्णन करता है। यह ग्रंथ संस्कृत के 'रामायण' का हिंदी में अनुवाद और पुनर्निर्माण है, जिसमें तुलसीदास ने अपनी भक्ति, ज्ञान, और साहित्यिक प्रतिभा का अद्वितीय मिश्रण प्रस्तुत किया है।

भक्ति का प्रमुख ग्रंथ: रामचरितमानस भक्ति साहित्य का एक प्रमुख ग्रंथ है। इसमें भगवान राम की भक्ति, प्रेम, और श्रद्धा का गहरा भाव है। तुलसीदास ने इस ग्रंथ के माध्यम से भगवान राम के जीवन और उनके गुणों को आम जनता तक पहुँचाया, जिससे भक्ति की भावना व्यापक हुई।

साहित्यिक मूल्य: इस ग्रंथ की काव्य शैली, छंद, और अलंकार साहित्यिक दृष्टिकोण से अत्यंत महत्वपूर्ण हैं। तुलसीदास ने विभिन्न छंदों का प्रयोग करके और सुंदर अलंकारों से सजाकर इसे एक अद्वितीय काव्य बनाया।

धार्मिक और सांस्कृतिक प्रभाव: रामचरितमानस ने न केवल धार्मिक दृष्टिकोण से महत्वपूर्ण योगदान दिया, बल्कि भारतीय समाज और संस्कृति पर भी गहरा प्रभाव डाला। इस ग्रंथ ने लोगों को धर्म, नैतिकता, और सामाजिक आदर्शों की ओर प्रेरित किया।

2. रामचरितमानस की संरचना

रामचरितमानस की संरचना सात कांडों में विभाजित है, जो भगवान राम के जीवन की प्रमुख घटनाओं को वर्णित करते हैं। ये कांड हैं:

1. **बालकांड:** यह कांड भगवान राम के जन्म, उनकी बाल्यावस्था, और उनकी शिक्षा का वर्णन करता है। इसमें भगवान राम की माता-पिता के साथ संबंध और उनके बचपन की लीलाएँ शामिल हैं।

2. **अयोध्याकांड:** इसमें भगवान राम की अयोध्या में निवास, उनके विवाह, और राजा दशरथ द्वारा उन्हें वनवास देने की कथा है। इस कांड में सीता के विवाह और उनके साथ वनवास की कहानी का भी विवरण है।

3. **अरण्यकांड:** इस कांड में भगवान राम, सीता, और लक्ष्मण का वनवास और उनके वन में विभिन्न घटनाएँ शामिल हैं। रावण द्वारा सीता का अपहरण और सुग्रीव और हनुमान से मिलन की कहानी भी इसी कांड में है।

4. **किष्किंधाकांड:** इसमें भगवान राम और सुग्रीव की मित्रता, रावण के विरुद्ध युद्ध की तैयारी, और सागर पर पुल बनाने की योजना का विवरण है। हनुमान का लंका जाकर सीता की खोज करने की घटना भी यहाँ वर्णित है।

5. **सुंदरकांड:** यह कांड हनुमान के लंका जाने, सीता से मिलने, और रावण के दरबार में उथल-पुथल मचाने की कथा है। इसमें हनुमान की वीरता और भक्ति का अद्वितीय चित्रण है।

6. **युद्धकांड:** इसमें राम और रावण के बीच युद्ध की पूरी कथा का वर्णन है। रावण की मृत्यु, सीता की अग्निपरीक्षा, और भगवान राम का अयोध्या लौटने की घटना इस कांड में है।

7. **उत्तरकांड:** इस कांड में भगवान राम की अयोध्या वापसी, सीता की निर्वासन, और उनके दो पुत्रों, लव और कुश की कथा है। इसमें राम की अंतिम यात्रा और उनकी मृत्यु का भी वर्णन है।

3. रामचरितमानस का विषयवस्तु

रामचरितमानस की विषयवस्तु भगवान राम के जीवन की पूर्ण कथा है। इसमें धार्मिक, नैतिक, और दार्शनिक पहलुओं का संगम है।

भक्ति और प्रेम: ग्रंथ में भगवान राम के प्रति अटूट भक्ति और प्रेम की भावना का गहरा चित्रण है। तुलसीदास ने भगवान राम के गुण, उनकी लीलाएँ, और उनके प्रति भक्तों की भावनाओं को सुंदर तरीके से व्यक्त किया है।

धार्मिक आदर्श: रामचरितमानस में धर्म, नैतिकता, और सदाचार के आदर्शों को प्रमुखता से प्रस्तुत किया गया है। भगवान राम को आदर्श व्यक्ति और राजा के रूप में चित्रित किया गया है, जिनकी जीवन यात्रा में धर्म और सत्य की महत्वपूर्ण भूमिका है।

सामाजिक सुधार: तुलसीदास ने समाज की बुराइयों, जातिवाद, और अंधविश्वास के खिलाफ अपने काव्य में आवाज उठाई। उन्होंने समाज को नैतिकता, समानता, और धर्म के मार्ग पर चलने की प्रेरणा दी।

शक्ति और वीरता: भगवान राम की शक्ति और वीरता का भी विस्तृत वर्णन है। रावण के खिलाफ उनके युद्ध, उनके सामर्थ्य, और उनकी वीरता का चित्रण इस ग्रंथ में प्रमुख है।

4. रामचरितमानस की काव्य शैली

रामचरितमानस की काव्य शैली साहित्यिक दृष्टिकोण से अत्यंत महत्वपूर्ण है। तुलसीदास ने इसे सुंदर और सरल भाषा में लिखा, जिससे यह आम जनता तक आसानी से पहुँचा।

भाषा और छंद: तुलसीदास ने मुख्यतः अवधी भाषा का प्रयोग किया, जो उस समय की प्रचलित भाषा थी। उन्होंने चौपाई, दोहा, सोरठा, और कुंडलिया जैसे विभिन्न छंदों का प्रयोग करके काव्य को संगीतमय और प्रभावशाली बनाया।

अलंकार और रस: तुलसीदास ने अनुप्रास, उपमा, रूपक, और यमक जैसे अलंकारों का कुशलता से प्रयोग किया। उनके काव्य में श्रृंगार, वीर, करुण, अद्भुत, और शांत रसों का सुंदर मिश्रण है।

साहित्यिक गुण: तुलसीदास की काव्य शैली में उपमाएँ, रूपक, और अन्य साहित्यिक तत्वों का कुशल प्रयोग है। उनका काव्य सरल होते हुए भी गहन भावनाओं और विचारों से भरपूर है।

5. रामचरितमानस का समाज पर प्रभाव

रामचरितमानस का भारतीय समाज और संस्कृति पर गहरा प्रभाव पड़ा है। इस ग्रंथ ने समाज को धर्म, भक्ति, और नैतिकता का महत्वपूर्ण संदेश दिया।

भक्ति आंदोलन पर प्रभाव: तुलसीदास की रचनाओं ने भक्ति आंदोलन को एक नई दिशा दी। उन्होंने भक्ति को सरल और सुलभ बनाकर आम लोगों तक पहुँचाया और भक्ति की भावना को व्यापक रूप से फैलाया।

भक्ति आंदोलन भारतीय धार्मिक और सांस्कृतिक परंपराओं का एक महत्वपूर्ण हिस्सा है, जिसने 7वीं से 17वीं सदी तक भारत के विभिन्न हिस्सों में गहरा प्रभाव डाला। यह आंदोलन विशेष रूप से भगवान के प्रति प्रेम और भक्ति पर केंद्रित था और इसका उद्देश्य धार्मिक और सामाजिक सुधार के माध्यम से मानवता की भलाई करना था। इस लेख में, हम भक्ति आंदोलन के प्रभाव को गहराई से समझेंगे, जिसमें धार्मिक, सामाजिक, और सांस्कृतिक पहलुओं का विस्तृत विश्लेषण शामिल होगा।

1. भक्ति आंदोलन का ऐतिहासिक संदर्भ

भक्ति आंदोलन की उत्पत्ति भारतीय उपमहाद्वीप में 7वीं शताब्दी के आसपास हुई, लेकिन इसका प्रभाव 12वीं से 17वीं सदी तक अधिक स्पष्ट रूप से देखा गया। यह आंदोलन दक्षिण भारत में आलवारों और नायनारों द्वारा शुरू किया गया था, जो भगवान विष्णु और शिव के प्रति अपनी भक्ति को व्यक्त करते थे। इसके बाद, यह आंदोलन उत्तर भारत में संतों और कवियों के माध्यम से फैल गया, जिन्होंने भक्ति और प्रेम की भावना को जन-साधारण तक पहुँचाया।

दक्षिण भारत का प्रभाव: दक्षिण भारत में भक्ति आंदोलन की शुरुआत पेरियार और आदी शंकराचार्य जैसे प्रमुख संतों ने की। उन्होंने भगवान विष्णु और शिव की भक्ति को प्रमुखता दी और इस समय के सामाजिक और धार्मिक मुद्दों पर जोर दिया।

उत्तर भारत में प्रसार: उत्तर भारत में भक्ति आंदोलन का प्रसार संत कबीर, तुलसीदास, मीरा बाई, और सूरदास जैसे कवियों और संतों द्वारा हुआ। इन संतों ने अपनी काव्य रचनाओं और भक्ति गीतों के माध्यम से भक्ति आंदोलन को जन-साधारण तक पहुँचाया।

2. भक्ति आंदोलन का धार्मिक प्रभाव

भक्ति आंदोलन ने भारतीय धर्म और धार्मिक प्रथाओं पर गहरा प्रभाव डाला। इस आंदोलन ने धार्मिक समता, तात्त्विकता, और व्यक्तिगत भक्ति के महत्व को प्रमुखता दी।

धर्म की सरलता और समता: भक्ति आंदोलन ने धार्मिक प्रथाओं को सरल और सुलभ बनाने की कोशिश की। संतों ने धार्मिक अनुष्ठानों और जातिवाद के खिलाफ आवाज उठाई, जिससे धर्म को सामान्य लोगों के लिए अधिक सुलभ और समान बनाया गया।

व्यक्तिगत भक्ति का महत्व: भक्ति आंदोलन ने व्यक्तिगत भक्ति और ईश्वर के प्रति सीधे संबंध को महत्वपूर्ण माना। संतों ने यह सिखाया कि भगवान के प्रति सच्ची भक्ति और प्रेम से आत्मिक उद्धार संभव है, न कि केवल पूजा-पाठ और अनुष्ठानों के माध्यम से।

धार्मिक समानता: भक्ति आंदोलन ने जातिवाद और धार्मिक भेदभाव के खिलाफ संघर्ष किया। संतों ने सभी मानव जाति की समानता की बात की और धार्मिक आडंबरों को नकारा। इसने समाज में धार्मिक समानता को बढ़ावा दिया और जातिवाद के खिलाफ एक मजबूत आंदोलन शुरू किया।

3. भक्ति आंदोलन का सामाजिक प्रभाव

भक्ति आंदोलन ने भारतीय समाज में महत्वपूर्ण सामाजिक बदलाव किए। इस आंदोलन ने सामाजिक सुधार, जातिवाद के खिलाफ संघर्ष, और सामाजिक समरसता की दिशा में महत्वपूर्ण योगदान दिया।

जातिवाद का विरोध: भक्ति आंदोलन ने जातिवाद और सामाजिक असमानता के खिलाफ संघर्ष किया। संतों ने जातिवाद को नकारा और सभी जातियों और वर्गों के लोगों को धार्मिक समानता का संदेश दिया। इससे समाज में जातिवाद की मानसिकता को चुनौती मिली और सामाजिक सुधार की दिशा में कदम बढ़े।

महिला सशक्तिकरण: भक्ति आंदोलन ने महिलाओं की भूमिका और अधिकारों पर भी ध्यान केंद्रित किया। संतों ने महिलाओं को धार्मिक और सामाजिक जीवन में समान अधिकार देने की बात की। मीरा बाई जैसे संतों ने महिलाओं के अधिकार और उनकी भक्ति को प्रमुखता दी, जिससे महिलाओं की सामाजिक स्थिति में सुधार हुआ।

सामाजिक सुधार: भक्ति आंदोलन ने समाज के विभिन्न बुराइयों और कुरीतियों के खिलाफ आवाज उठाई। संतों ने सामाजिक सुधार की दिशा में काम किया और लोगों को नैतिकता, सत्य, और धर्म के प्रति जागरूक किया। इसने समाज में कई महत्वपूर्ण सुधार किए और सामाजिक समरसता को बढ़ावा दिया।

4. भक्ति आंदोलन का सांस्कृतिक प्रभाव

भक्ति आंदोलन ने भारतीय संस्कृति पर भी गहरा प्रभाव डाला। इस आंदोलन ने कला, साहित्य, और संगीत के क्षेत्र में महत्वपूर्ण योगदान दिया।

साहित्यिक योगदान: भक्ति आंदोलन ने साहित्य को एक नई दिशा दी। संतों की कविताएँ, भजन, और गीत भक्ति और प्रेम की भावना को व्यक्त करते हैं। तुलसीदास, सूरदास, और कबीर जैसे संतों ने अपनी रचनाओं के माध्यम से भारतीय साहित्य को समृद्ध किया और भक्ति की भावना को जन-साधारण तक पहुँचाया।

संगीत और कला: भक्ति आंदोलन ने संगीत और कला के क्षेत्र में भी महत्वपूर्ण योगदान दिया। भक्ति संगीत और भजन धार्मिक और सांस्कृतिक कार्यक्रमों का महत्वपूर्ण हिस्सा बन गए। इसने भारतीय संगीत और कला को एक नई दिशा दी और धार्मिक अनुभव को सुसंगत और आनंदमय बनाया।

भक्ति परंपराओं का प्रसार: भक्ति आंदोलन ने भारतीय संस्कृति में भक्ति परंपराओं का प्रसार किया। विभिन्न भक्ति परंपराएँ, जैसे की रामकृष्ण परंपरा, शंकराचार्य परंपरा, और संत परंपरा, भारतीय सांस्कृतिक और धार्मिक जीवन का एक महत्वपूर्ण हिस्सा बन गईं।

5. भक्ति आंदोलन का राजनीतिक प्रभाव

भक्ति आंदोलन का भारतीय राजनीति पर भी कुछ हद तक प्रभाव पड़ा। इसने सामाजिक और धार्मिक मुद्दों पर ध्यान केंद्रित किया और समाज में एकता और सुधार की दिशा में काम किया।

सामाजिक एकता: भक्ति आंदोलन ने समाज में एकता और समानता की भावना को बढ़ावा दिया। यह आंदोलन जातिवाद और धार्मिक भेदभाव के खिलाफ संघर्ष करता था, जिससे समाज में एकता और सामंजस्य को बढ़ावा मिला।

धार्मिक पुनरुद्धार: भक्ति आंदोलन ने धार्मिक पुनरुद्धार की दिशा में काम किया। संतों ने धार्मिक आडंबरों और कुरीतियों के खिलाफ आवाज उठाई और धर्म को सरल और सुलभ बनाने की कोशिश की। इसने धार्मिक जागरूकता और सुधार को बढ़ावा दिया।

राष्ट्रीय चेतना: भक्ति आंदोलन ने भारतीय राष्ट्रीय चेतना को भी प्रभावित किया। संतों की रचनाओं और भक्ति गीतों ने भारतीयों को अपनी संस्कृति और धार्मिकता पर गर्व महसूस कराया और राष्ट्रीय पहचान को मजबूत किया।

6. भक्ति आंदोलन का वैश्विक प्रभाव

भक्ति आंदोलन का प्रभाव केवल भारत तक ही सीमित नहीं था, बल्कि इसका वैश्विक प्रभाव भी रहा। भारतीय भक्ति परंपराओं और संतों की रचनाओं ने वैश्विक स्तर पर ध्यान आकर्षित किया।

वैश्विक भक्ति परंपराएँ: भक्ति आंदोलन की परंपराएँ और दर्शन वैश्विक स्तर पर फैल गए। भारतीय भक्ति परंपराओं ने विश्वभर के धार्मिक और सांस्कृतिक आंदोलनों को प्रभावित किया और भक्ति की भावना को वैश्विक स्तर पर प्रस्तुत किया।

सांस्कृतिक आदान-प्रदान: भक्ति आंदोलन के माध्यम से भारतीय सांस्कृतिक और धार्मिक परंपराएँ वैश्विक स्तर पर फैलीं। भारतीय भक्ति संगीत, साहित्य, और कला ने वैश्विक सांस्कृतिक आदान-प्रदान में महत्वपूर्ण भूमिका निभाई।

धार्मिक संवाद: भक्ति आंदोलन ने विभिन्न धार्मिक परंपराओं के बीच संवाद और सहयोग को बढ़ावा दिया। इसने धार्मिक विविधता और सहिष्णुता को प्रोत्साहित किया और वैश्विक धार्मिक संवाद को समृद्ध किया।

भक्ति आंदोलन भारतीय धार्मिक, सामाजिक, सांस्कृतिक, और राजनीतिक जीवन में एक महत्वपूर्ण परिवर्तनकारी शक्ति थी। इसने धार्मिक समता, जातिवाद के खिलाफ संघर्ष, और सामाजिक सुधार की दिशा में महत्वपूर्ण योगदान दिया। भक्ति आंदोलन ने भारतीय साहित्य, कला, और संगीत को समृद्ध किया और वैश्विक स्तर पर भारतीय सांस्कृतिक और धार्मिक परंपराओं का प्रसार किया।

इस आंदोलन ने न केवल धार्मिक और सांस्कृतिक दृष्टिकोण से महत्वपूर्ण योगदान दिया, बल्कि समाज में एकता, समानता, और सुधार की दिशा में भी महत्वपूर्ण कदम उठाए। भक्ति आंदोलन के प्रभाव का विश्लेषण यह दर्शाता है कि यह केवल एक धार्मिक आंदोलन नहीं था, बल्कि यह भारतीय समाज और संस्कृति की गहराई से प्रभावित करने वाला एक व्यापक सामाजिक और सांस्कृतिक आंदोलन था।

धार्मिक और सांस्कृतिक पहचान: रामचरितमानस ने भारतीय धार्मिक और सांस्कृतिक पहचान को मजबूती प्रदान की। भगवान राम की कथा और उनकी भक्ति ने भारतीय संस्कृति और समाज को एक नया दृष्टिकोण और प्रेरणा दी।

सामाजिक सुधार: ग्रंथ ने जातिवाद, अंधविश्वास, और अन्य सामाजिक बुराइयों के खिलाफ आवाज उठाई। तुलसीदास ने अपने काव्य के माध्यम से समाज को सुधारने की कोशिश की और नैतिकता और धर्म के सिद्धांतों को प्रोत्साहित किया।

शिक्षा और साहित्य पर प्रभाव: रामचरितमानस ने भारतीय साहित्य को समृद्ध किया और शिक्षा के क्षेत्र में भी महत्वपूर्ण योगदान दिया। इसके अध्ययन और पाठन ने साहित्यिक और धार्मिक शिक्षा को प्रोत्साहित किया।

रामचरितमानस तुलसीदास की काव्य प्रतिभा और भक्ति भावना का अद्वितीय उदाहरण है। यह ग्रंथ भगवान राम के जीवन, उनके आदर्शों, और भक्ति की भावना को प्रस्तुत करता है। तुलसीदास की रचनाएँ साहित्यिक, धार्मिक, और सांस्कृतिक दृष्टिकोण से महत्वपूर्ण हैं और उन्होंने भारतीय समाज और संस्कृति को गहराई से प्रभावित किया है।

रामचरितमानस की संरचना, विषयवस्तु, काव्य शैली, और समाज पर प्रभाव की समीक्षा से यह स्पष्ट होता है कि यह ग्रंथ भारतीय भक्ति साहित्य का एक अमूल्य रत्न है। इसके माध्यम से तुलसीदास ने भक्ति, धर्म, और नैतिकता का एक अद्वितीय संदेश प्रस्तुत किया, जो आज भी लोगों को प्रेरित करता है और भारतीय साहित्य को समृद्ध करता है।

'रामचरितमानस' तुलसीदास की एक अद्वितीय कृति है जिसने भारतीय समाज और साहित्य पर गहरा प्रभाव छोड़ा है। इस महाकाव्य में भगवान राम के जीवन और आदर्शों का सुंदर और प्रभावी चित्रण किया गया है। इसकी भाषा, शैली और पात्रों की विशेषताएँ इसे एक उत्कृष्ट महाकाव्य बनाती हैं। 'रामचरितमानस' आज भी भारतीय समाज में आदर और श्रद्धा से पढ़ा और गाया जाता है और इसका संदेश आज भी प्रासंगिक है।

रामचरितमानस की धार्मिक और सांस्कृतिक पहचान

रामचरितमानस, तुलसीदास द्वारा रचित एक महान धार्मिक ग्रंथ है, जो भारतीय भक्ति साहित्य का महत्वपूर्ण हिस्सा है। यह ग्रंथ भगवान राम की जीवनकथा को सरल और सजीव तरीके से प्रस्तुत करता है, और भारतीय संस्कृति एवं धर्म में गहरी छाप छोड़ता है। रामचरितमानस की धार्मिक और सांस्कृतिक पहचान को समझने के लिए हमें इसके धार्मिक महत्व, सांस्कृतिक प्रभाव, और समाज पर इसके प्रभाव का विश्लेषण करना होगा।

1. रामचरितमानस का धार्मिक महत्व

रामचरितमानस भारतीय हिंदू धर्म का एक अत्यंत महत्वपूर्ण ग्रंथ है। इसका धार्मिक महत्व कई पहलुओं में बंटा हुआ है:

1.1 भक्ति का आदर्श ग्रंथ

रामचरितमानस भक्ति साहित्य का एक प्रमुख उदाहरण है, जिसमें भगवान राम के प्रति भक्ति और प्रेम को प्रमुखता दी गई है। तुलसीदास ने इस ग्रंथ में भगवान राम की जीवनकथा को इस प्रकार प्रस्तुत किया है कि यह भक्ति की भावना को गहराई से प्रकट करता है।

भक्ति की अवधारणा: रामचरितमानस में भक्ति की अवधारणा को विशेष महत्व दिया गया है। तुलसीदास ने भगवान राम के प्रति पूर्ण समर्पण और भक्ति की आवश्यकता को बताया है। यह ग्रंथ भक्ति का आदर्श उदाहरण है, जो भक्तों को भगवान के प्रति सच्ची श्रद्धा और प्रेम की प्रेरणा देता है।

सच्ची भक्ति का मार्ग: इस ग्रंथ में भक्ति के मार्ग को सरल और सुलभ तरीके से प्रस्तुत किया गया है। तुलसीदास ने भक्ति को केवल पूजा-पाठ तक सीमित नहीं रखा, बल्कि इसे जीवन के हर पहलू में अपनाने की सलाह दी है।

1.2 धार्मिक उपदेश और नैतिक शिक्षा

रामचरितमानस केवल भगवान राम की कहानी नहीं है, बल्कि इसमें धार्मिक उपदेश और नैतिक शिक्षा भी शामिल है। इस ग्रंथ में धर्म, सत्य, और नैतिकता की महत्वपूर्ण बातें बताई गई हैं, जो जीवन के मार्गदर्शन के लिए आवश्यक हैं।

धर्म की व्याख्या: तुलसीदास ने रामचरितमानस में धर्म की गहराई से व्याख्या की है। उन्होंने धर्म के सिद्धांतों और आदर्शों को स्पष्ट रूप से प्रस्तुत किया है, जिससे भक्तों को जीवन में धर्म के महत्व को समझने में मदद मिली है।

नैतिकता और आचार-विचार: इस ग्रंथ में नैतिकता और आचार-विचार पर भी जोर दिया गया है। तुलसीदास ने भगवान राम के चरित्र के माध्यम से सत्य, ईमानदारी, और न्याय के आदर्शों को प्रस्तुत किया है, जो समाज के लिए मार्गदर्शक हैं।

1.3 धार्मिक एकता और सहिष्णुता

रामचरितमानस ने धार्मिक एकता और सहिष्णुता को बढ़ावा दिया है। इस ग्रंथ में विभिन्न धार्मिक और सांस्कृतिक परंपराओं को सम्मान देने की बात की गई है।

धार्मिक सहिष्णुता: रामचरितमानस में धार्मिक सहिष्णुता का महत्व बताया गया है। तुलसीदास ने सभी धर्मों और जातियों को समान मानते हुए भगवान राम की कथा को प्रस्तुत किया है, जिससे धार्मिक सहिष्णुता को प्रोत्साहित किया गया।

सभी वर्गों के लिए सुलभता: इस ग्रंथ को सरल भाषा में लिखा गया है, जिससे यह सभी वर्गों और जातियों के लोगों के लिए सुलभ हो गया। यह धार्मिक समानता और एकता को बढ़ावा देता है।

2. रामचरितमानस का सांस्कृतिक प्रभाव

रामचरितमानस का सांस्कृतिक प्रभाव भारतीय समाज और संस्कृति पर गहरा और व्यापक रहा है। इस ग्रंथ ने भारतीय सांस्कृतिक परंपराओं और धार्मिक प्रथाओं को महत्वपूर्ण तरीके से प्रभावित किया है।

2.1 साहित्यिक और काव्यात्मक योगदान

रामचरितमानस ने भारतीय साहित्य और काव्य को महत्वपूर्ण योगदान दिया है। तुलसीदास की काव्यशक्ति और भाषा की सुंदरता ने इस ग्रंथ को एक साहित्यिक रत्न बना दिया है।

काव्यशास्त्र और शैली: रामचरितमानस को अवधी भाषा में लिखा गया है, जो उस समय की प्रचलित भाषा थी। इस ग्रंथ में तुलसीदास ने दोहे, चौपाई, और सोरठा जैसे छंदों का प्रयोग किया है, जो काव्य को संगीतमय और प्रभावशाली बनाते हैं।

साहित्यिक मूल्य: तुलसीदास की काव्यशक्ति और उनकी सरल भाषा ने रामचरितमानस को भारतीय साहित्य में एक महत्वपूर्ण स्थान दिलाया है। इस ग्रंथ की साहित्यिक शैली ने भारतीय काव्य परंपरा को समृद्ध किया है और इसे व्यापक पहचान दिलाई है।

2.2 सांस्कृतिक परंपराओं का प्रसार

रामचरितमानस ने भारतीय सांस्कृतिक परंपराओं को प्रसारित करने में महत्वपूर्ण भूमिका निभाई है। इस ग्रंथ की कथा और विचारधारा ने भारतीय सांस्कृतिक जीवन को प्रभावित किया है।

भक्ति परंपराओं का प्रसार: रामचरितमानस ने भक्ति परंपराओं को बढ़ावा दिया और भारतीय समाज में भक्ति की भावना को प्रोत्साहित किया। इसके माध्यम से भक्ति संगीत, भजन, और धार्मिक अनुष्ठान को लोकप्रिय बनाया गया।

सांस्कृतिक समारोहों का हिस्सा: रामचरितमानस भारतीय सांस्कृतिक समारोहों और त्योहारों का अभिन्न हिस्सा बन गया है। रामलीला, रघुकुल की कथा, और अन्य सांस्कृतिक गतिविधियाँ इस ग्रंथ के आधार पर आयोजित की जाती हैं, जो भारतीय सांस्कृतिक जीवन को समृद्ध करती हैं।

2.3 धार्मिक और सांस्कृतिक अनुष्ठान

रामचरितमानस के आधार पर विभिन्न धार्मिक और सांस्कृतिक अनुष्ठान आयोजित किए जाते हैं। इस ग्रंथ ने धार्मिक अनुष्ठानों को एक नई दिशा दी है और समाज में धार्मिक चेतना को बढ़ावा दिया है।

रामलीला और धार्मिक अनुष्ठान: रामचरितमानस के आधार पर रामलीला का आयोजन किया जाता है, जो भारतीय संस्कृति का महत्वपूर्ण हिस्सा है। इस धार्मिक नाटिका के माध्यम से भगवान राम की कथा को रंगमंच पर प्रस्तुत किया जाता है, जो भक्तों को धार्मिक अनुभव प्रदान करता है।

सांस्कृतिक उत्सव और पर्व: रामचरितमानस के आधार पर विभिन्न सांस्कृतिक उत्सव और पर्व भी आयोजित किए जाते हैं। दीपावली, रामनवमी, और अन्य त्योहारों के दौरान इस ग्रंथ की कथा का आयोजन किया जाता है, जो धार्मिक और सांस्कृतिक आनंद प्रदान करता है।

3. रामचरितमानस का सामाजिक प्रभाव

रामचरितमानस ने भारतीय समाज पर भी गहरा प्रभाव डाला है। इस ग्रंथ ने सामाजिक सुधार, समानता, और शिक्षा की दिशा में महत्वपूर्ण योगदान दिया है।

3.1 सामाजिक सुधार और समानता

रामचरितमानस ने सामाजिक सुधार और समानता के लिए आवाज उठाई है। इस ग्रंथ ने समाज में जातिवाद और सामाजिक भेदभाव के खिलाफ संघर्ष किया है।

जातिवाद का विरोध: रामचरितमानस में जातिवाद और सामाजिक असमानता के खिलाफ स्पष्ट संदेश दिया गया है। तुलसीदास ने सभी जातियों और वर्गों के लोगों को समान मानते हुए समाज में जातिवाद के खिलाफ आवाज उठाई है।

सामाजिक समरसता: इस ग्रंथ ने समाज में समरसता और एकता को बढ़ावा दिया है। भगवान राम के चरित्र के माध्यम से तुलसीदास ने समाज में धार्मिक और सामाजिक समानता का संदेश दिया है।

3.2 शिक्षा और जागरूकता

रामचरितमानस ने भारतीय समाज में शिक्षा और जागरूकता को बढ़ावा दिया है। इस ग्रंथ के अध्ययन और पाठन से लोगों को धार्मिक, नैतिक, और सामाजिक ज्ञान प्राप्त होता है।

धार्मिक शिक्षा: रामचरितमानस ने धार्मिक शिक्षा को महत्वपूर्ण स्थान दिया है। इसके अध्ययन से भक्तों को धर्म, नैतिकता, और जीवन के आदर्शों के बारे में जानकारी मिलती है, जो जीवन को सही दिशा प्रदान करती है।

नैतिक शिक्षा: इस ग्रंथ ने नैतिक शिक्षा पर भी जोर दिया है। भगवान राम के चरित्र और उनकी कृतियों के माध्यम से तुलसीदास ने सत्य, ईमानदारी, और न्याय के आदर्शों को प्रस्तुत किया है, जो समाज में नैतिकता को बढ़ावा देते हैं।

3.3 आध्यात्मिक विकास और प्रेरणा

रामचरितमानस ने लोगों के आध्यात्मिक विकास और प्रेरणा में महत्वपूर्ण भूमिका निभाई है। इस ग्रंथ के माध्यम से भक्तों को आत्मिक उन्नति और आध्यात्मिक साक्षात्कार की प्रेरणा मिलती है।

आध्यात्मिक अनुभव: रामचरितमानस ने भक्तों को भगवान राम के माध्यम से आध्यात्मिक अनुभव की प्राप्ति की प्रेरणा दी है

अध्याय: 4

विनयपत्रिका

विनयपत्रिका का परिचय

विनयपत्रिका तुलसीदास की एक महत्वपूर्ण काव्य रचना है, जो भगवान राम के प्रति विनम्र प्रार्थनाओं और भजनों का संग्रह है। यह ग्रंथ तुलसीदास की भक्ति भावना और उनकी आस्था का प्रतीक है। विनयपत्रिका में कुल 279 पद्य हैं, जिन्हें तुलसीदास ने भगवान राम के चरणों में समर्पित किया है। इस ग्रंथ में तुलसीदास की आत्मसमर्पण की भावना और भगवान राम के प्रति उनकी अटूट श्रद्धा का अद्वितीय चित्रण है।

विनयपत्रिका की विषयवस्तु और भाषा

विनयपत्रिका की विषयवस्तु मुख्य रूप से भगवान राम के प्रति भक्त की विनम्र प्रार्थनाओं और उनकी महिमा का गुणगान है। तुलसीदास ने इस ग्रंथ में भगवान राम से अपनी विनती, प्रार्थना, और उनकी कृपा की कामना व्यक्त की है।

विनयपत्रिका की भाषा सरल और सहज है, जो सीधे हृदय तक पहुँचती है। तुलसीदास ने इस ग्रंथ में अवधी भाषा का प्रयोग किया है, जो उस समय की लोकभाषा थी। इस भाषा की सरलता और मिठास ने विनयपत्रिका को व्यापक जनसमूह तक पहुँचने में मदद की।

विनयपत्रिका की विशेषताएँ

1. भक्ति और आत्मसमर्पण: विनयपत्रिका में तुलसीदास ने अपनी भक्ति और आत्मसमर्पण की भावना को प्रमुखता से व्यक्त किया है। प्रत्येक पद्य में भगवान राम के प्रति उनकी अटूट श्रद्धा और भक्ति झलकती है।

2. भावनात्मक गहराई: विनयपत्रिका में तुलसीदास की भावनात्मक गहराई स्पष्ट रूप से दिखाई देती है। उन्होंने अपनी प्रार्थनाओं और विनतियों में अपनी गहन भावनाओं को उकेरा है, जो पाठकों के हृदय को छूती है।

3. सादगी और सरलता: विनयपत्रिका की भाषा और शैली सादगी और सरलता से परिपूर्ण है। तुलसीदास ने इस ग्रंथ में सरल शब्दों और सहज भाषा का प्रयोग किया है, जिससे यह आसानी से समझ में आता है।

4. प्रेम और भक्ति का समन्वय: विनयपत्रिका में प्रेम और भक्ति का अद्वितीय समन्वय देखने को मिलता है। तुलसीदास ने भगवान राम के प्रति अपनी प्रेमभावना को भक्ति के माध्यम से व्यक्त किया है, जिससे यह ग्रंथ अत्यंत प्रेरणादायक बन गया है।

तुलसीदास की भक्ति भावना का प्रतिबिंब

विनयपत्रिका में तुलसीदास की भक्ति भावना का गहरा प्रतिबिंब देखने को मिलता है। उन्होंने इस ग्रंथ में अपने हृदय की गहराइयों से भगवान राम के प्रति अपनी भक्ति और प्रेम को व्यक्त किया है। तुलसीदास की भक्ति भावना का यह अनूठा पहलू विनयपत्रिका को भारतीय भक्ति साहित्य में एक विशिष्ट स्थान दिलाता है।

तुलसीदास की भक्ति भावना का एक महत्वपूर्ण पहलू उनका आत्मसमर्पण है। विनयपत्रिका में उन्होंने भगवान राम के चरणों में पूर्ण आत्मसमर्पण की भावना को प्रमुखता से व्यक्त किया है। उनकी भक्ति में निस्वार्थता, प्रेम, और समर्पण का अद्वितीय मिश्रण है, जो पाठकों को गहराई से प्रभावित करता है।

विनयपत्रिका का भारतीय समाज पर प्रभाव

विनयपत्रिका ने भारतीय समाज पर गहरा प्रभाव डाला है। इस ग्रंथ ने लोगों को भक्ति और प्रेम के मार्ग पर चलने की प्रेरणा दी। तुलसीदास की भक्ति भावना और उनकी आत्मसमर्पण की भावना ने भक्तों को भगवान राम के प्रति समर्पित होने की प्रेरणा दी।

1. **धार्मिक प्रभाव:** विनयपत्रिका ने भक्ति आंदोलन को एक नई दिशा दी। इस ग्रंथ ने भगवान राम के प्रति भक्ति की भावना को जन-जन तक पहुँचाया और लोगों को भक्ति के मार्ग पर चलने के लिए प्रेरित किया।

2. **सामाजिक प्रभाव:** विनयपत्रिका ने समाज में भक्ति और प्रेम की भावना को प्रबल किया। इस ग्रंथ ने लोगों को प्रेम, निस्वार्थता, और आत्मसमर्पण का महत्व समझाया।

3. **सांस्कृतिक प्रभाव:** विनयपत्रिका ने भारतीय संस्कृति में भक्ति साहित्य को समृद्ध किया। तुलसीदास की इस रचना ने भक्ति साहित्य को एक नई ऊँचाई प्रदान की और इसे भारतीय संस्कृति का अभिन्न अंग बना दिया।

विनयपत्रिका: तुलसीदास का अनुपम ग्रंथ

विनयपत्रिका तुलसीदास का एक प्रमुख ग्रंथ है, जो उनकी भक्ति और भक्ति भावना का गहरा प्रतिबिंब है। यह ग्रंथ भगवान राम के प्रति तुलसीदास की विनम्रता और समर्पण को प्रकट करता है। विनयपत्रिका में तुलसीदास ने भगवान राम की महिमा, उनकी कृपा, और उनके प्रति अपनी अटूट भक्ति को व्यक्त किया है। इस लेख में हम विनयपत्रिका के महत्व, संरचना, विषयवस्तु और उसके समाज पर प्रभाव की गहराई से समीक्षा करेंगे।

1. विनयपत्रिका का महत्व

विनयपत्रिका एक भक्ति ग्रंथ है जिसमें तुलसीदास ने भगवान राम के प्रति अपनी विनम्रता और भक्ति को व्यक्त किया है। यह ग्रंथ तुलसीदास के जीवन और भक्ति की गहराई को दर्शाता है।

भक्ति का गहरा प्रमाण: विनयपत्रिका तुलसीदास की भक्ति और भगवान राम के प्रति उनकी अटूट श्रद्धा का प्रमाण है। इस ग्रंथ में भगवान राम के प्रति विनम्रता, प्रेम, और भक्ति की गहरी भावना व्यक्त की गई है।

धार्मिक और सांस्कृतिक महत्व: विनयपत्रिका भारतीय धार्मिक और सांस्कृतिक परंपराओं का महत्वपूर्ण हिस्सा है। इसमें भगवान राम की महिमा और उनके प्रति भक्ति के आदर्शों को प्रस्तुत किया गया है, जो धार्मिक और सांस्कृतिक दृष्टिकोण से महत्वपूर्ण हैं।

भाषाई और साहित्यिक मूल्य: इस ग्रंथ की काव्य शैली, भाषा, और छंद साहित्यिक दृष्टिकोण से महत्वपूर्ण हैं। तुलसीदास ने इसे सरल और सुंदर भाषा में लिखा, जिससे यह आम जनता तक आसानी से पहुँचा।

2. विनयपत्रिका की संरचना

विनयपत्रिका की संरचना तुलसीदास की भक्ति भावना और भगवान राम के प्रति उनकी श्रद्धा को प्रदर्शित करती है। यह ग्रंथ विभिन्न काव्य शैलियों और छंदों का प्रयोग करके लिखा गया है।

भक्ति भाव: विनयपत्रिका का मुख्य केंद्र बिंदु भगवान राम के प्रति भक्ति भाव है। इसमें भगवान राम की महिमा, उनकी कृपा, और उनके प्रति भक्तों की श्रद्धा का गहरा चित्रण है।

काव्य शैलियाँ: तुलसीदास ने विनयपत्रिका में विभिन्न काव्य शैलियों और छंदों का प्रयोग किया है। इसमें प्रमुख रूप से दोहे, चौपाई, और सोरठा का प्रयोग किया गया है। इन छंदों के माध्यम से तुलसीदास ने अपनी भावनाओं और विचारों को सुंदर और प्रभावशाली ढंग से प्रस्तुत किया है।

संरचना और रूप: विनयपत्रिका एक संगीतमय और लयात्मक ग्रंथ है। इसकी काव्य शैली में साधारणता और सुगमता है, जिससे यह आम जनता के बीच लोकप्रिय हुआ।

3. विनयपत्रिका की विषयवस्तु

विनयपत्रिका की विषयवस्तु भगवान राम के प्रति तुलसीदास की भक्ति, श्रद्धा, और विनम्रता को प्रदर्शित करती है।

भक्ति और प्रेम: विनयपत्रिका में भगवान राम के प्रति अटूट भक्ति और प्रेम की भावना व्यक्त की गई है। तुलसीदास ने भगवान राम की महिमा और उनके गुणों का गुणगान किया है।

साधना और समर्पण: इस ग्रंथ में भक्ति साधना और भगवान राम के प्रति समर्पण का भी विस्तृत वर्णन है। तुलसीदास ने अपनी साधना और भक्ति की कठिनाइयों और चुनौतियों को भी प्रस्तुत किया है, जिससे भक्तों को प्रेरणा मिलती है।

कृपा और अनुग्रह: विनयपत्रिका में भगवान राम की कृपा और अनुग्रह का भी महत्व बताया गया है। तुलसीदास ने भगवान राम के अनुग्रह को प्राप्त करने के लिए विनम्रता और श्रद्धा का महत्व बताया है।

धार्मिक शिक्षा: विनयपत्रिका धार्मिक शिक्षा और आचार-व्यवहार के आदर्शों को भी प्रस्तुत करता है। इसमें धर्म, नैतिकता, और सामाजिक आदर्शों के बारे में भी महत्वपूर्ण संदेश दिया गया है।

4. विनयपत्रिका की काव्य शैली

विनयपत्रिका की काव्य शैली तुलसीदास की साहित्यिक प्रतिभा को दर्शाती है। इसमें सरलता, सुंदरता, और भावनाओं का अद्वितीय मिश्रण है।

भाषा और छंद: तुलसीदास ने विनयपत्रिका में अवधी भाषा का प्रयोग किया, जो उस समय की प्रचलित भाषा थी। उन्होंने दोहा, चौपाई, और सोरठा जैसे छंदों का प्रयोग किया, जो काव्य को संगीतमय और प्रभावशाली बनाते हैं।

अलंकार और रस: तुलसीदास ने विनयपत्रिका में अनुप्रास, उपमा, और रूपक जैसे अलंकारों का कुशलता से प्रयोग किया है। उनके काव्य में शृंगार, करुण, और भक्ति रसों का सुंदर मिश्रण है।

साहित्यिक गुण: विनयपत्रिका की काव्य शैली में सरलता, सुगमता, और प्रभावशाली भावनाओं का अद्वितीय मिश्रण है। तुलसीदास ने भावनाओं को सुंदर और प्रभावशाली ढंग से प्रस्तुत किया है।

5. विनयपत्रिका का समाज पर प्रभाव

विनयपत्रिका का भारतीय समाज और संस्कृति पर गहरा प्रभाव पड़ा है। इस ग्रंथ ने धार्मिक और सांस्कृतिक दृष्टिकोण से महत्वपूर्ण योगदान दिया है।

भक्ति आंदोलन पर प्रभाव: विनयपत्रिका ने भक्ति आंदोलन को एक नई दिशा दी। तुलसीदास की भक्ति और विनम्रता ने भक्ति आंदोलन को सशक्त और प्रेरणादायक बनाया।

धार्मिक और सांस्कृतिक पहचान: विनयपत्रिका ने भारतीय धार्मिक और सांस्कृतिक पहचान को मजबूती प्रदान की। इसमें भगवान राम के प्रति भक्ति और श्रद्धा के आदर्शों को प्रस्तुत किया गया है, जो धार्मिक और सांस्कृतिक दृष्टिकोण से महत्वपूर्ण हैं।

सामाजिक सुधार: विनयपत्रिका ने समाज में नैतिकता, धर्म, और भक्ति के आदर्शों को फैलाया। तुलसीदास ने समाज की बुराइयों और कुरीतियों के खिलाफ आवाज उठाई और समाज को सुधारने की कोशिश की।

शिक्षा और साहित्य पर प्रभाव: विनयपत्रिका ने भारतीय साहित्य को समृद्ध किया और शिक्षा के क्षेत्र में भी महत्वपूर्ण योगदान दिया। इसके अध्ययन और पाठन ने साहित्यिक और धार्मिक शिक्षा को प्रोत्साहित किया।

विनयपत्रिका तुलसीदास की भक्ति और भक्ति भावना का एक अनुपम ग्रंथ है। इसमें भगवान राम के प्रति विनम्रता, प्रेम, और भक्ति की गहराई को व्यक्त किया गया है। तुलसीदास की काव्य शैली, भाषा, और छंद साहित्यिक दृष्टिकोण से महत्वपूर्ण हैं और उन्होंने भारतीय समाज और संस्कृति को गहराई से प्रभावित किया है।

विनयपत्रिका की संरचना, विषयवस्तु, काव्य शैली, और समाज पर प्रभाव की समीक्षा से यह स्पष्ट होता है कि यह ग्रंथ भारतीय भक्ति साहित्य का एक अमूल्य रत्न है। इसके माध्यम से तुलसीदास ने भगवान राम के प्रति अपनी भक्ति और विनम्रता को प्रकट किया, जो आज भी लोगों को प्रेरित करता है और भारतीय साहित्य को समृद्ध करता है।

विनयपत्रिका ने भक्ति साहित्य, धर्म, और समाज के आदर्शों को प्रस्तुत करते हुए भारतीय साहित्य और संस्कृति में महत्वपूर्ण स्थान प्राप्त किया है। इसके अध्ययन और पाठन से हमें भक्ति, धर्म, और नैतिकता के अद्वितीय दृष्टिकोण को समझने का अवसर मिलता है, जो आज भी प्रासंगिक और प्रेरणादायक हैं।

विनयपत्रिका तुलसीदास की एक अद्वितीय कृति है जिसने भारतीय भक्ति साहित्य को समृद्ध किया है। इस ग्रंथ में तुलसीदास की भक्ति भावना, प्रेम, और आत्मसमर्पण की भावना का अद्वितीय चित्रण है। विनयपत्रिका ने भारतीय समाज और संस्कृति पर गहरा प्रभाव डाला है और इसे भक्ति आंदोलन का एक महत्वपूर्ण ग्रंथ बना दिया है। तुलसीदास की इस रचना ने लोगों को भगवान राम के प्रति भक्ति और प्रेम के मार्ग पर चलने की प्रेरणा दी है और इसे आज भी भारतीय भक्ति साहित्य में एक विशिष्ट स्थान प्राप्त है।

<h1 style="text-align:center">तुलसीदास की 'गीतावली'</h1>

गोस्वामी तुलसीदास भारतीय भक्ति साहित्य के महान कवि और संत हैं। उनके काव्य और भक्ति रचनाओं ने भारतीय समाज और संस्कृति पर अमिट छाप छोड़ी है। "रामचरितमानस" उनकी सबसे प्रसिद्ध रचना है, लेकिन इसके अलावा उनकी अन्य कृतियाँ जैसे "दोहावली," "कवितावली," "विनयपत्रिका," और "गीतावली" भी अत्यधिक महत्वपूर्ण हैं। तुलसीदास की "गीतावली" एक महत्वपूर्ण काव्य रचना है जिसमें उन्होंने भगवान राम की महिमा और उनकी लीलाओं का गान किया है। इस लेख में हम "गीतावली" का विस्तृत विश्लेषण करेंगे और इसके विभिन्न पहलुओं पर प्रकाश डालेंगे।

1. तुलसीदास का जीवन और रचनात्मक प्रेरणा

तुलसीदास का जीवन एक साधक, संत, और महान कवि के रूप में प्रेरणादायक है। उनका जन्म 1532 ई. में उत्तर प्रदेश के राजापुर गांव में हुआ था। बचपन में ही माता-पिता के स्नेह से वंचित रहने के कारण उन्हें कठिनाइयों का सामना करना पड़ा। उनकी पत्नी रत्नावली के उपदेश ने उन्हें सांसारिक जीवन से विमुख होकर भक्ति मार्ग पर चलने की प्रेरणा दी।

तुलसीदास की रचनाओं में उनके व्यक्तिगत अनुभवों, धार्मिक आस्थाओं, और भगवान राम के प्रति गहरी भक्ति की झलक मिलती है। "गीतावली" भी उनकी भक्ति की एक अभिव्यक्ति है जिसमें उन्होंने भगवान राम की महिमा का गान किया है।

2. गीतावली की संरचना और विशेषताएँ

गीतावली तुलसीदास द्वारा रचित एक महत्वपूर्ण काव्य रचना है जिसमें भगवान राम की महिमा और उनकी लीलाओं का वर्णन किया गया है। इसकी संरचना और विशेषताएँ निम्नलिखित हैं:

गीत छंद का प्रयोग: गीतावली में तुलसीदास ने गीत छंद का प्रयोग किया है। इस छंद का स्वरूप सरल और सजीव है, जिसमें गायन की प्रवृत्ति होती है।

भक्ति और प्रेम का गान: गीतावली में भगवान राम के प्रति भक्ति और प्रेम का गान किया गया है। तुलसीदास ने अपनी भक्ति को गीतों के माध्यम से अभिव्यक्त किया है।

सरल और प्रभावशाली भाषा: गीतावली की भाषा सरल, सजीव, और प्रभावशाली है। तुलसीदास ने अपने विचारों और भक्ति को सामान्य जनता तक पहुँचाने के लिए सरल भाषा का प्रयोग किया है।

3. गीतावली के मुख्य विषय

गीतावली में तुलसीदास ने विभिन्न धार्मिक, नैतिक, और सामाजिक विषयों पर प्रकाश डाला है। इसके मुख्य विषय निम्नलिखित हैं:

3.1 भगवान राम की महिमा

तुलसीदास ने गीतावली में भगवान राम की महिमा और उनके आदर्शों को प्रमुखता दी है। उन्होंने भगवान राम के चरित्र, उनके गुणों, और उनकी लीलाओं का वर्णन किया है।

3.2 भक्ति और प्रेम

गीतावली में भक्ति और प्रेम का मुख्य स्थान है। तुलसीदास ने भगवान राम के प्रति अपनी गहरी भक्ति और प्रेम को गीतों के माध्यम से अभिव्यक्त किया है। उनके गीतों में भक्ति की गहराई और प्रेम की मिठास झलकती है।

3.3 नैतिकता और आचार-विचार

तुलसीदास ने गीतावली में नैतिकता और आचार-विचार पर भी जोर दिया है। उन्होंने बताया है कि सत्य, ईमानदारी, और न्याय के मार्ग पर चलना ही सच्चे मनुष्य का धर्म है।

3.4 सामाजिक और धार्मिक समानता

तुलसीदास ने सामाजिक और धार्मिक समानता पर भी बल दिया है। उन्होंने जातिवाद, सामाजिक भेदभाव, और धार्मिक असमानता के खिलाफ आवाज उठाई है। उनका मानना था कि सभी मनुष्य एक समान हैं और सभी को समान अधिकार प्राप्त हैं।

4. गीतावली के प्रमुख गीत और उनका विश्लेषण

गीतावली में कई महत्वपूर्ण और प्रसिद्ध गीत शामिल हैं, जो तुलसीदास की काव्यशक्ति, भक्ति, और ज्ञान का प्रमाण हैं। निम्नलिखित कुछ प्रमुख गीत हैं जो उनकी गीतावली की महत्ता को दर्शाते हैं:

4.1 भगवान राम की बाललीला

गीतावली में भगवान राम की बाललीला का वर्णन विशेष रूप से महत्वपूर्ण है। तुलसीदास ने राम के बाल्यकाल की मधुर लीलाओं का सजीव चित्रण किया है। यह गीत न केवल बालक राम की मासूमियत और सरलता को दर्शाते हैं, बल्कि उनकी दिव्यता और महिमा को भी प्रकट करते हैं।

बालक क्रीड़ा राम की, देखहु जिय भुलाय।

मनुजहि की मूरति मधुर, अति रुचिर लीलाय॥

4.2 राम का वनगमन

तुलसीदास ने गीतावली में राम के वनगमन का भी सुंदर वर्णन किया है। इस प्रसंग में राम, सीता, और लक्ष्मण के वनगमन की कहानी को गीतों के माध्यम से प्रस्तुत किया गया है। यह गीत उनकी त्याग, धैर्य, और आदर्शों को प्रदर्शित करते हैं।

छोड़ि अयोध्या नगर राम चलि, सिय संग सुकुमार।

लखन साथ वन गमन, करत सब के उर हार॥

4.3 राम-रावण युद्ध

गीतावली में राम-रावण युद्ध का भी विस्तृत वर्णन किया गया है। तुलसीदास ने इस प्रसंग में राम की वीरता और रावण के अत्याचारों का चित्रण किया है। यह गीत न्याय, धर्म, और अधर्म की लड़ाई को सजीव रूप में प्रस्तुत करते हैं।

राम रावण संग्राम गढ़, देखहु सब नर नारि।

राम के बाण चलत, रावण के तनु भंग॥

4.4 रामराज्य का वर्णन

तुलसीदास ने गीतावली में रामराज्य का भी वर्णन किया है। उन्होंने रामराज्य की महानता, सुख, और समृद्धि को गीतों के माध्यम से प्रस्तुत किया है। यह गीत आदर्श राज्य व्यवस्था और न्याय की अवधारणा को दर्शाते हैं।

रामराज्य सुख साज सब, सब नर करहि बड़ाई।

तुलसीदास बसहिं जब, सब दुख दूर भगाई॥

5. गीतावली का भारतीय समाज पर प्रभाव

तुलसीदास की गीतावली ने भारतीय समाज पर गहरा प्रभाव डाला है। इसने धार्मिक, नैतिक, और सामाजिक दृष्टि से समाज को मार्गदर्शन प्रदान किया है। निम्नलिखित बिंदुओं में इस प्रभाव का विश्लेषण किया गया है:

5.1 धार्मिक जागरूकता

गीतावली ने भारतीय समाज में धार्मिक जागरूकता को बढ़ावा दिया। तुलसीदास के गीतों ने भक्तों को भगवान राम के प्रति भक्ति और समर्पण की प्रेरणा दी।

5.2 नैतिक और सामाजिक सुधार

गीतावली ने नैतिक और सामाजिक सुधार की दिशा में भी महत्वपूर्ण योगदान दिया। तुलसीदास के उपदेशों ने समाज में सत्य, ईमानदारी, और न्याय के आदर्शों को प्रोत्साहित किया।

5.3 साहित्यिक और सांस्कृतिक योगदान

गीतावली ने भारतीय साहित्य और संस्कृति को भी महत्वपूर्ण योगदान दिया। तुलसीदास की काव्यशक्ति और उनकी भाषा की सरलता ने इस रचना को लोकप्रिय बनाया और इसे भारतीय काव्य परंपरा में एक महत्वपूर्ण स्थान दिलाया।

6. गीतावली की आलोचना और समालोचना

तुलसीदास की गीतावली को आलोचक और समालोचक दोनों ने महत्वपूर्ण माना है। इसके गीतों की गहराई, सरलता, और प्रभावशीलता को सराहा गया है। निम्नलिखित बिंदुओं में इसकी आलोचना और समालोचना का विश्लेषण किया गया है:

6.1 साहित्यिक मूल्य

गीतावली का साहित्यिक मूल्य अत्यधिक है। तुलसीदास की काव्यशक्ति और उनकी भाषा की सरलता ने इसे साहित्यिक दृष्टि से महत्वपूर्ण बना दिया है। उनके गीतों में गहरी धार्मिक और नैतिक बातें सरल और सजीव तरीके से प्रस्तुत की गई हैं।

6.2 भक्ति और साधना का महत्व

गीतावली में भक्ति और साधना के महत्व को प्रमुखता दी गई है। तुलसीदास ने भक्तों को भगवान के प्रति समर्पण और भक्ति की प्रेरणा दी है। उनके गीत साधना के मार्गदर्शन के लिए महत्वपूर्ण हैं।

6.3 सामाजिक और नैतिक उपदेश

गीतावली में सामाजिक और नैतिक उपदेशों को विशेष महत्व दिया गया है। तुलसीदास ने समाज में सत्य, ईमानदारी, और न्याय के आदर्शों को प्रोत्साहित किया है। उनके गीतों ने समाज को नैतिक और धार्मिक दृष्टि से समृद्ध किया है।

अध्याय: 5

तुलसीदास की अन्य प्रमुख रचनाएँ

तुलसीदास ने न केवल 'रामचरितमानस' और 'विनयपत्रिका' जैसी महान रचनाओं की रचना की, बल्कि उन्होंने कई अन्य महत्वपूर्ण ग्रंथों का भी सृजन किया, जिनमें उनकी भक्ति भावना, काव्य प्रतिभा, और समाज के प्रति उनकी संवेदनशीलता का अद्वितीय प्रतिबिंब है। इस अध्याय में हम तुलसीदास की कुछ अन्य प्रमुख रचनाओं पर विस्तार से विचार करेंगे।

दोहावली

दोहावली तुलसीदास के दोहों का संग्रह है, जिसमें उनके जीवन के अनुभवों, धार्मिक सिद्धांतों, और समाज के प्रति उनके विचारों का संक्षिप्त और सटीक रूप में प्रस्तुतिकरण है। दोहावली में कुल 573 दोहे हैं। तुलसीदास ने इन दोहों के माध्यम से जीवन की गहरी सच्चाइयों और नैतिक मूल्यों को सरल भाषा में प्रस्तुत किया है।

दोहों का उदाहरण:

बड़ा हुआ तो क्या हुआ, जैसे पेड़ खजूर।

पंथी को छाया नहीं, फल लागे अति दूर।।

कवितावली

कवितावली तुलसीदास की कविताओं का एक महत्वपूर्ण संग्रह है, जिसमें उन्होंने विभिन्न छंदों और अलंकारों का प्रयोग करके अपने काव्य कौशल का प्रदर्शन किया है। कवितावली में रामकथा के विभिन्न प्रसंगों का सुंदर चित्रण है, जिसमें भगवान राम के जीवन की महत्ता और उनकी लीलाओं का विस्तार से वर्णन किया गया है।

कवितावली में तुलसीदास ने अपने समय के सामाजिक, धार्मिक और राजनीतिक परिस्थितियों का भी उल्लेख किया है। यह ग्रंथ न केवल एक साहित्यिक कृति है, बल्कि अपने समय का ऐतिहासिक दस्तावेज भी है।

गीतावली

गीतावली तुलसीदास द्वारा रचित एक अन्य प्रमुख ग्रंथ है, जिसमें भगवान राम के जीवन की घटनाओं को गीत के रूप में प्रस्तुत किया गया है। गीतावली में कुल 328 पद हैं। तुलसीदास ने इस ग्रंथ में ब्रज भाषा का प्रयोग किया है, जो उनकी अन्य रचनाओं की तुलना में एक विशिष्टता है।

गीतावली का मुख्य उद्देश्य राम के जीवन और उनके आदर्शों को गेय रूप में प्रस्तुत करना था, जिससे कि लोग इन गीतों को गा सकें और भगवान राम के प्रति अपनी भक्ति प्रकट कर सकें। गीतावली में राम की बाल लीलाओं से लेकर उनके राज्याभिषेक तक की घटनाओं का सुंदर और भावनात्मक वर्णन है।

हनुमान चालीसा

हनुमान चालीसा तुलसीदास की एक अत्यंत प्रसिद्ध रचना है, जो भगवान हनुमान की स्तुति में लिखी गई है। यह चालीसा 40 चौपाइयों का एक संग्रह है, जिसमें हनुमान जी के अद्वितीय बल, बुद्धि, और भक्ति का गुणगान किया

गया है। हनुमान चालीसा आज भी लाखों लोगों द्वारा श्रद्धापूर्वक गाई जाती है और इसे भारतीय भक्ति साहित्य में एक महत्वपूर्ण स्थान प्राप्त है।

हनुमान चालीसा का उदाहरण:

संकट कटे मिटे सब पीरा,

जो सुमिरे हनुमत बलबीरा।।

तुलसीदास की 'हनुमान चालीसा

गोस्वामी तुलसीदास भारतीय भक्ति साहित्य के महान कवि और संत हैं। उनके काव्य और भक्ति रचनाओं ने भारतीय समाज और संस्कृति पर अमिट छाप छोड़ी है। "रामचरितमानस" उनकी सबसे प्रसिद्ध रचना है, लेकिन इसके अलावा उनकी अन्य कृतियाँ जैसे "दोहावली," "कवितावली," "विनयपत्रिका," "गीतावली," और "हनुमान चालीसा" भी अत्यधिक महत्वपूर्ण हैं। तुलसीदास की "हनुमान चालीसा" एक अत्यंत लोकप्रिय और शक्तिशाली स्तोत्र है जिसमें उन्होंने भगवान हनुमान की महिमा का गान किया है। इस लेख में हम "हनुमान चालीसा" का विस्तृत विश्लेषण करेंगे और इसके विभिन्न पहलुओं पर प्रकाश डालेंगे।

1. तुलसीदास का जीवन और रचनात्मक प्रेरणा

तुलसीदास का जीवन एक साधक, संत, और महान कवि के रूप में प्रेरणादायक है। उनका जन्म 1532 ई. में उत्तर प्रदेश के राजापुर गांव में हुआ था। बचपन में ही माता-पिता के स्नेह से वंचित रहने के कारण उन्हें कठिनाइयों का सामना करना पड़ा। उनकी पत्नी रत्नावली के उपदेश ने उन्हें सांसारिक जीवन से विमुख होकर भक्ति मार्ग पर चलने की प्रेरणा दी।

तुलसीदास की रचनाओं में उनके व्यक्तिगत अनुभवों, धार्मिक आस्थाओं, और भगवान राम के प्रति गहरी भक्ति की झलक मिलती है। "हनुमान चालीसा" भी उनकी भक्ति की एक अभिव्यक्ति है जिसमें उन्होंने भगवान हनुमान की महिमा का गान किया है।

2. हनुमान चालीसा की संरचना और विशेषताएँ

हनुमान चालीसा तुलसीदास द्वारा रचित एक महत्वपूर्ण स्तोत्र है जिसमें भगवान हनुमान की महिमा और उनके गुणों का वर्णन किया गया है। इसकी संरचना और विशेषताएँ निम्नलिखित हैं:

चालीसा छंद का प्रयोग: हनुमान चालीसा में चालीसा छंद का प्रयोग किया गया है, जिसमें 40 चौपाइयाँ होती हैं। प्रत्येक चौपाई में दो पंक्तियाँ होती हैं, जो सरल और सजीव होती हैं।

भक्ति और श्रद्धा का गान: हनुमान चालीसा में भगवान हनुमान के प्रति भक्ति और श्रद्धा का गान किया गया है। तुलसीदास ने अपनी भक्ति को इन चौपाइयों के माध्यम से अभिव्यक्त किया है।

सरल और प्रभावशाली भाषा: हनुमान चालीसा की भाषा सरल, सजीव, और प्रभावशाली है। तुलसीदास ने अपने विचारों और भक्ति को सामान्य जनता तक पहुँचाने के लिए सरल भाषा का प्रयोग किया है।

3. हनुमान चालीसा के मुख्य विषय

हनुमान चालीसा में तुलसीदास ने भगवान हनुमान की महिमा, उनके गुणों, और उनकी लीलाओं पर प्रकाश डाला है। इसके मुख्य विषय निम्नलिखित हैं:

3.1 भगवान हनुमान की महिमा

तुलसीदास ने हनुमान चालीसा में भगवान हनुमान की महिमा और उनके अद्वितीय गुणों का वर्णन किया है। उन्होंने हनुमान जी के बल, बुद्धि, विद्या, और भक्तिपूर्ण चरित्र की प्रशंसा की है।

महावीर विक्रम बजरंगी,

कुमति निवार सुमति के संगी॥

3.2 भक्ति और श्रद्धा

हनुमान चालीसा में भक्ति और श्रद्धा का मुख्य स्थान है। तुलसीदास ने भगवान हनुमान के प्रति अपनी गहरी भक्ति और श्रद्धा को चौपाइयों के माध्यम से अभिव्यक्त किया है। उनके गीतों में भक्ति की गहराई और श्रद्धा की मिठास झलकती है।

जय हनुमान ज्ञान गुन सागर,

जय कपीस तिहुँ लोक उजागर॥

3.3 हनुमान जी की लीलाएँ

तुलसीदास ने हनुमान चालीसा में हनुमान जी की लीलाओं का भी सुंदर वर्णन किया है। उन्होंने सीता की खोज, लंका दहन, संजीवनी बूटी लाना, और अन्य प्रमुख लीलाओं का सजीव चित्रण किया है।

लाय संजीवन लखन जियाये,

श्रीरघुबीर हरषि उर लाये॥

3.4 हनुमान जी का व्यक्तित्व और गुण

हनुमान चालीसा में हनुमान जी के व्यक्तित्व और गुणों का भी उल्लेख किया गया है। तुलसीदास ने उनके बल, बुद्धि, विद्या, और भक्तिपूर्ण चरित्र की प्रशंसा की है।

महावीर विक्रम बजरंगी,

कुमति निवार सुमति के संगी॥

4. हनुमान चालीसा के प्रमुख चौपाइयाँ और उनका विश्लेषण

हनुमान चालीसा में कई महत्वपूर्ण और प्रसिद्ध चौपाइयाँ शामिल हैं, जो तुलसीदास की काव्यशक्ति, भक्ति, और ज्ञान का प्रमाण हैं। निम्नलिखित कुछ प्रमुख चौपाइयाँ हैं जो उनकी हनुमान चालीसा की महत्ता को दर्शाति हैं:

4.1 हनुमान जी का जन्म और उनका प्रभाव

श्रीगुरु चरन सरोज रज, निज मनु मुकुरु सुधारि।

बरनउं रघुबर बिमल जसु, जो दायकु फल चारि॥

इस चौपाई में तुलसीदास ने गुरु की महिमा का गान करते हुए भगवान राम के गुणों की स्तुति की है। उन्होंने कहा है कि गुरु के चरणों की धूलि से मन को निर्मल करके भगवान राम के पवित्र यश का वर्णन करना चाहिए, जो चारों फलों (धर्म, अर्थ, काम, मोक्ष) को देने वाला है।

अन्य छोटे-छोटे ग्रंथ

तुलसीदास ने कई अन्य छोटे-छोटे ग्रंथों की भी रचना की, जिनमें 'रामाज्ञा प्रश्न', 'बरवै रामायण', और 'पार्वती मंगल' प्रमुख हैं। इन रचनाओं में भी उनकी भक्ति भावना और काव्य प्रतिभा का स्पष्ट प्रतिबिंब मिलता है।

1. रामाज्ञा प्रश्न: यह ग्रंथ रामायण के प्रमुख प्रसंगों का प्रश्न-उत्तर रूप में संकलन है, जिसमें तुलसीदास ने रामकथा को सरल और रोचक रूप में प्रस्तुत किया है।

2. बरवै रामायण: यह रामकथा का वर्णन बरवै छंद में किया गया है। इसमें रामायण की घटनाओं का संक्षिप्त और आकर्षक चित्रण है।

3. पार्वती मंगल: यह ग्रंथ भगवान शिव और पार्वती के विवाह का वर्णन करता है। इसमें शिव और पार्वती के विवाह की सुंदर कथा प्रस्तुत की गई है, जिससे पाठकों को धार्मिक और सांस्कृतिक दृष्टिकोण से प्रेरणा मिलती है।

निष्कर्ष

तुलसीदास की अन्य प्रमुख रचनाएँ उनके काव्य कौशल, भक्ति भावना, और समाज के प्रति उनके गहन संवेदनशीलता का प्रमाण हैं। इन रचनाओं ने भारतीय भक्ति साहित्य को समृद्ध किया है और समाज में नैतिकता,

धर्म, और भक्ति का संदेश फैलाने में महत्वपूर्ण भूमिका निभाई है। तुलसीदास की इन रचनाओं ने न केवल उनके समय में, बल्कि आज भी लोगों को प्रेरित किया है और उनकी भक्ति भावना को जागृत किया है।

अध्याय: 6

तुलसीदास की काव्य शैली

तुलसीदास की काव्य शैली भारतीय साहित्य में अपनी विशिष्टता और उत्कृष्टता के लिए प्रसिद्ध है। उनके काव्य में भक्ति, प्रेम, समाज सुधार, और नैतिकता का अद्वितीय मिश्रण है। तुलसीदास ने अपने काव्य में विभिन्न भाषाओं, छंदों, और अलंकारों का प्रयोग करके उसे समृद्ध और प्रभावशाली बनाया है। इस अध्याय में हम तुलसीदास की काव्य शैली के विभिन्न पहलुओं पर विचार करेंगे।

तुलसीदास की भाषा: अवधी और ब्रज

तुलसीदास ने मुख्य रूप से दो भाषाओं का प्रयोग किया है: अवधी और ब्रज।

अवधी: 'रामचरितमानस' और 'विनयपत्रिका' जैसी रचनाओं में तुलसीदास ने अवधी भाषा का प्रयोग किया है। अवधी भाषा की सरलता और मिठास ने तुलसीदास की रचनाओं को व्यापक जनसमूह तक पहुँचने में मदद की। अवधी भाषा की सहजता ने उनके काव्य को प्रभावी और हृदयस्पर्शी बनाया।

ब्रज: 'गीतावली' और 'हनुमान चालीसा' जैसी रचनाओं में तुलसीदास ने ब्रज भाषा का प्रयोग किया है। ब्रज भाषा की कोमलता और संगीतात्मकता ने उनके काव्य में विशेष आकर्षण और सौंदर्य का समावेश किया है।

छंद, अलंकार, और रस

तुलसीदास की काव्य शैली में छंद, अलंकार, और रस का अद्वितीय समन्वय है।

छंद: तुलसीदास ने विभिन्न छंदों का प्रयोग किया है, जैसे चौपाई, दोहा, सोरठा, कुंडलिया आदि। इन छंदों का प्रयोग उनके काव्य में विविधता और सुंदरता लाता है।

अलंकार: तुलसीदास ने अपने काव्य में अलंकारों का अत्यंत कुशलता से प्रयोग किया है। उन्होंने अनुप्रास, उपमा, रूपक, और यमक जैसे अलंकारों का प्रयोग करके अपने काव्य को अलंकृत और प्रभावशाली बनाया है।

रस: तुलसीदास के काव्य में विभिन्न रसों का अद्वितीय प्रयोग है। उनके काव्य में श्रृंगार, वीर, करुण, अद्भुत, शांत आदि रसों का समावेश है, जिससे उनका काव्य बहुआयामी और समृद्ध बनता है।

तुलसीदास की काव्य शैली और उसका विकास

तुलसीदास की काव्य शैली का विकास उनके जीवन और अनुभवों के साथ-साथ हुआ। उन्होंने अपने काव्य में न केवल भक्ति और प्रेम को अभिव्यक्त किया, बल्कि समाज सुधार और नैतिकता का भी संदेश दिया। उनके काव्य में भारतीय समाज की गहरी समझ और संवेदनशीलता का अद्वितीय प्रतिबिंब मिलता है।

1. भक्ति और प्रेम: तुलसीदास की काव्य शैली में भक्ति और प्रेम का प्रमुख स्थान है। उन्होंने भगवान राम के प्रति अपनी भक्ति और प्रेम को अपने काव्य में अभिव्यक्त किया है। उनकी रचनाओं में भक्ति की गहराई और प्रेम की मधुरता स्पष्ट झलकती है।

2. समाज सुधार: तुलसीदास ने अपने काव्य के माध्यम से समाज सुधार का भी संदेश दिया है। उन्होंने जाति, वर्ग, और लिंग भेदभाव के खिलाफ अपने काव्य में आवाज उठाई और समाज में समानता, न्याय, और समरसता का संदेश फैलाया।

3. नैतिकता और धर्म: तुलसीदास के काव्य में नैतिकता और धर्म का भी महत्वपूर्ण स्थान है। उन्होंने अपने काव्य के माध्यम से धर्म और नैतिकता के सिद्धांतों को जन-जन तक पहुँचाया और लोगों को धर्म और सत्य के पथ पर चलने की प्रेरणा दी।

निष्कर्ष

तुलसीदास की काव्य शैली भारतीय साहित्य में अपनी विशिष्टता और उत्कृष्टता के लिए अद्वितीय है। उनके काव्य में भाषा, छंद, अलंकार, और रस का अद्वितीय समन्वय है। तुलसीदास ने अपने काव्य के माध्यम से भक्ति, प्रेम, समाज सुधार, और नैतिकता का संदेश दिया है। उनकी काव्य शैली ने न केवल उनके समय में, बल्कि आज भी लोगों को प्रेरित किया है और भारतीय साहित्य को समृद्ध किया है। तुलसीदास की काव्य शैली उनकी गहन संवेदनशीलता, काव्य प्रतिभा, और समाज के प्रति उनके गहरे प्रेम का प्रमाण है।

अध्याय: 7

तुलसीदास की भक्ति भावना

तुलसीदास की भक्ति का स्वरूप

तुलसीदास की भक्ति भावना उनकी सभी रचनाओं में स्पष्ट रूप से परिलक्षित होती है। उनकी भक्ति का स्वरूप निस्वार्थ और समर्पित है, जिसमें भगवान राम के प्रति अटूट श्रद्धा और प्रेम का अद्वितीय मिश्रण है। तुलसीदास की भक्ति को निम्नलिखित बिंदुओं में विभाजित किया जा सकता है:

1. निस्वार्थ भक्ति: तुलसीदास की भक्ति में निस्वार्थता का प्रमुख स्थान है। वे भगवान राम के प्रति बिना किसी प्रतिफल की इच्छा के भक्ति करते हैं। उनकी रचनाओं में यह भावना बार-बार प्रकट होती है कि भगवान के चरणों में समर्पण ही सबसे बड़ा सुख है।

2. समर्पण की भावना: तुलसीदास की भक्ति में पूर्ण समर्पण की भावना है। वे अपने जीवन की हर परिस्थिति में भगवान राम के प्रति समर्पित रहते हैं और उनकी कृपा को ही अपने जीवन का मुख्य उद्देश्य मानते हैं।

3. प्रेम और श्रद्धा: तुलसीदास की भक्ति में प्रेम और श्रद्धा का गहरा भाव है। भगवान राम के प्रति उनका प्रेम निरंतर और अपरिमित है, और उनकी श्रद्धा में कभी कमी नहीं आती। वे अपने काव्य में भगवान राम के सौंदर्य, गुण, और लीलाओं का गुणगान करते हुए प्रेम और श्रद्धा की अद्वितीय अभिव्यक्ति करते हैं।

तुलसीदास की भक्ति की प्रेरणाएँ

तुलसीदास की भक्ति भावना के पीछे कई प्रेरणाएँ हैं, जिन्होंने उन्हें इस मार्ग पर चलने के लिए प्रेरित किया। इनमें प्रमुख हैं:

1. रामकथा की प्रभावशीलता: तुलसीदास की भक्ति की प्रमुख प्रेरणा रामकथा है। बचपन से ही उन्होंने रामकथा के माध्यम से भगवान राम के जीवन और उनके आदर्शों के बारे में सुना था। रामकथा के प्रति उनकी गहरी आस्था और प्रेम ने उन्हें भगवान राम के प्रति भक्ति मार्ग पर चलने के लिए प्रेरित किया।

2. गुरु का आशीर्वाद: तुलसीदास को उनके गुरु, नरहरिदास, ने भक्ति मार्ग पर चलने के लिए प्रेरित किया। गुरु के आशीर्वाद और मार्गदर्शन ने तुलसीदास की भक्ति को एक ठोस आधार प्रदान किया और उन्हें भगवान राम के प्रति समर्पित किया।

3. जीवन के अनुभव: तुलसीदास के जीवन के अनुभवों ने भी उनकी भक्ति भावना को गहरा किया। उनके जीवन की कठिनाइयों और संघर्षों ने उन्हें भगवान राम के प्रति और अधिक समर्पित किया और उनकी भक्ति को और प्रगाढ़ किया।

तुलसीदास की भक्ति का प्रभाव

तुलसीदास की भक्ति का प्रभाव न केवल उनके जीवन पर, बल्कि समाज और साहित्य पर भी गहरा पड़ा है। उनकी भक्ति भावना ने समाज को नई दिशा दी और लोगों को भक्ति मार्ग पर चलने की प्रेरणा दी।

1. समाज पर प्रभाव: तुलसीदास की भक्ति भावना ने समाज में भक्ति और प्रेम की भावना को प्रबल किया। उनके काव्य ने लोगों को भगवान राम के प्रति भक्ति और समर्पण का महत्व समझाया और उन्हें धर्म और सत्य के मार्ग पर चलने के लिए प्रेरित किया।

2. साहित्य पर प्रभाव: तुलसीदास की भक्ति भावना ने भारतीय भक्ति साहित्य को समृद्ध किया। उनकी रचनाओं ने भक्ति साहित्य को नई ऊँचाइयाँ प्रदान कीं और इसे भारतीय साहित्य का अभिन्न अंग बना दिया। उनके काव्य में भक्ति की गहराई और प्रेम की मधुरता ने भक्ति साहित्य को नया जीवन दिया।

3. व्यक्तिगत प्रभाव: तुलसीदास की भक्ति भावना ने उनके व्यक्तिगत जीवन को भी गहराई से प्रभावित किया। उनके जीवन के हर पहलू में भक्ति और समर्पण का अद्वितीय मिश्रण है। उनकी भक्ति भावना ने उन्हें एक महान संत और कवि के रूप में प्रतिष्ठित किया।

निष्कर्ष

तुलसीदास की भक्ति भावना उनकी रचनाओं में स्पष्ट रूप से प्रकट होती है। उनकी भक्ति का स्वरूप निस्वार्थ, समर्पित, और प्रेमपूर्ण है। उनकी भक्ति भावना ने न केवल उनके जीवन को, बल्कि समाज और साहित्य को भी गहराई से प्रभावित किया है। तुलसीदास की भक्ति भावना ने भारतीय भक्ति साहित्य को समृद्ध किया और समाज में भक्ति और प्रेम की भावना को प्रबल किया। उनकी भक्ति का संदेश आज भी प्रासंगिक है और लोगों को धर्म और सत्य के मार्ग पर चलने के लिए प्रेरित करता है।

अध्याय: 8

तुलसीदास की रचनाओं का समाज पर प्रभाव

समाज में तुलसीदास का योगदान

तुलसीदास की रचनाओं ने भारतीय समाज पर गहरा और स्थायी प्रभाव डाला है। उनकी काव्य रचनाएँ न केवल धार्मिक और आध्यात्मिक दृष्टिकोण से महत्वपूर्ण हैं, बल्कि सामाजिक सुधार और नैतिकता के दृष्टिकोण से भी अत्यंत प्रभावशाली हैं। तुलसीदास ने अपनी रचनाओं के माध्यम से समाज को नैतिकता, धर्म, और सदाचार का संदेश दिया और लोगों को धर्म के मार्ग पर चलने के लिए प्रेरित किया।

जाति और वर्ग भेदभाव के खिलाफ आवाज

तुलसीदास ने अपनी रचनाओं में जाति और वर्ग भेदभाव के खिलाफ आवाज उठाई। उनके समय में समाज में जाति प्रथा और वर्ग भेदभाव बहुत प्रचलित थे, और तुलसीदास ने अपनी रचनाओं के माध्यम से इन बुराइयों के खिलाफ संघर्ष किया। उन्होंने अपने काव्य में यह संदेश दिया कि भगवान के सामने सभी समान हैं और भक्ति के मार्ग पर जाति और वर्ग का कोई महत्व नहीं है। उनके काव्य में यह स्पष्ट रूप से झलकता है:

सियाराम मय सब जग जानी।

करहुं प्रनाम जोरि जुग पानी।।

धार्मिक एकता और समन्वय

तुलसीदास की रचनाओं ने धार्मिक एकता और समन्वय का संदेश भी फैलाया। उन्होंने विभिन्न धर्मों और संप्रदायों के बीच समन्वय और सहयोग का आह्वान किया। उनके काव्य में विभिन्न धार्मिक प्रतीकों और सिद्धांतों का समावेश है, जिससे यह स्पष्ट होता है कि वे सभी धर्मों के प्रति सम्मान और प्रेम रखते थे।

नैतिकता और सदाचार का संदेश

तुलसीदास की रचनाओं का एक प्रमुख उद्देश्य नैतिकता और सदाचार का संदेश देना था। उन्होंने अपने काव्य में नैतिक मूल्यों और धर्म के सिद्धांतों को प्रमुखता से प्रस्तुत किया। उनके काव्य में यह संदेश बार-बार आता है कि जीवन में नैतिकता और धर्म का पालन अत्यंत महत्वपूर्ण है। उदाहरणस्वरूप, 'रामचरितमानस' में भगवान राम का चरित्र नैतिकता और सदाचार का प्रतीक है। उनके जीवन और कार्यों के माध्यम से तुलसीदास ने यह संदेश दिया कि नैतिकता और सदाचार ही सच्चे धर्म की पहचान हैं।

भक्ति आंदोलन पर प्रभाव

तुलसीदास की रचनाओं का भक्ति आंदोलन पर भी गहरा प्रभाव पड़ा। उन्होंने भक्ति को सरल और सुलभ बना दिया, जिससे आम लोग भी भक्ति मार्ग पर चल सके। तुलसीदास की रचनाओं में भक्ति की गहराई और सरलता का अद्वितीय मिश्रण है, जिसने भक्ति आंदोलन को एक नई दिशा और गति दी। उनके काव्य ने लोगों को भगवान के प्रति प्रेम और भक्ति का महत्व समझाया और उन्हें भक्ति मार्ग पर चलने के लिए प्रेरित किया।

शिक्षा और साहित्य पर प्रभाव

तुलसीदास की रचनाओं का शिक्षा और साहित्य पर भी महत्वपूर्ण प्रभाव पड़ा है। उनकी रचनाएँ भारतीय साहित्य का अभिन्न अंग बन गई हैं और उनकी काव्य शैली ने कई कवियों और लेखकों को प्रेरित किया है। 'रामचरितमानस', 'विनयपत्रिका', 'दोहावली' आदि ग्रंथों का अध्ययन आज भी साहित्यिक और धार्मिक शिक्षा का महत्वपूर्ण हिस्सा है। उनकी रचनाओं ने न केवल भारतीय साहित्य को समृद्ध किया, बल्कि शिक्षा के क्षेत्र में भी योगदान दिया।

सामाजिक सुधार में भूमिका

तुलसीदास की रचनाओं ने समाज सुधार में भी महत्वपूर्ण भूमिका निभाई। उन्होंने अपने काव्य के माध्यम से समाज की बुराइयों और कुरीतियों के खिलाफ आवाज उठाई और लोगों को सही मार्ग पर चलने के लिए प्रेरित किया। उनके काव्य में समाज सुधार का संदेश स्पष्ट रूप से झलकता है, जिसमें उन्होंने जाति प्रथा, अंधविश्वास, और अन्य सामाजिक बुराइयों के खिलाफ संघर्ष किया।

तुलसीदास की रचनाओं का समाज पर गहरा और स्थायी प्रभाव है। उन्होंने अपनी रचनाओं के माध्यम से समाज को नैतिकता, धर्म, और सदाचार का संदेश दिया और लोगों को सही मार्ग पर चलने के लिए प्रेरित किया। उनकी रचनाओं ने भक्ति आंदोलन, शिक्षा, साहित्य, और समाज सुधार में महत्वपूर्ण भूमिका निभाई। तुलसीदास की काव्य रचनाएँ आज भी प्रासंगिक हैं और समाज में नैतिकता, धर्म, और भक्ति का संदेश फैलाने में महत्वपूर्ण योगदान दे रही हैं। उनकी रचनाओं का प्रभाव भारतीय समाज और साहित्य पर हमेशा बना रहेगा और आने वाली पीढ़ियों को प्रेरित करता रहेगा।

अध्याय: 9

तुलसीदास: समकालीन और आधुनिक दृष्टिकोण

गोस्वामी तुलसीदास का नाम हिंदी साहित्य के अमर कवियों में अग्रणी है। उनकी रचनाएँ, विशेषकर "रामचरितमानस", भारतीय साहित्य और समाज पर एक गहरा प्रभाव डालती हैं। तुलसीदास का जीवन और उनकी रचनाओं का विश्लेषण समकालीन और आधुनिक दृष्टिकोण से करना महत्वपूर्ण है, क्योंकि उनकी कृतियों में न केवल धार्मिक और नैतिक तत्व हैं, बल्कि सामाजिक और सांस्कृतिक संदर्भ भी निहित हैं। इस लेख में, हम तुलसीदास के कृतित्व को समझने की कोशिश करेंगे, उनके समय और समाज की परिस्थितियों का मूल्यांकन करेंगे, और यह जानने का प्रयास करेंगे कि आधुनिक युग में उनके कार्यों का क्या महत्व है।

समकालीन दृष्टिकोण

1. तुलसीदास का जीवन और समाज

1.1 जीवन परिचय - तुलसीदास का जन्म 1532 ई. में उत्तर प्रदेश के राजापुर गांव में हुआ था। उनके जीवन की घटनाएँ और परिस्थितियाँ उनकी रचनाओं पर गहरा प्रभाव डालती हैं। उन्होंने अपने जीवन के अधिकांश समय में अयोध्या, काशी, और चित्रकूट जैसे धार्मिक स्थलों पर निवास किया।

1.2 समाज की स्थिति

तुलसीदास का समय मुगल साम्राज्य के अधीन था। यह वह समय था जब भारतीय समाज में कई सामाजिक, धार्मिक, और राजनीतिक परिवर्तन हो रहे थे। तुलसीदास ने अपने समाज की जटिलताओं और संघर्षों को बहुत ही सूक्ष्मता से अपनी रचनाओं में अभिव्यक्त किया।

2. तुलसीदास की रचनाएँ

2.1 रामचरितमानस

"रामचरितमानस" तुलसीदास की सबसे प्रसिद्ध रचना है। यह रचना भगवान राम के जीवन पर आधारित है और इसे भारतीय भक्ति साहित्य की महत्वपूर्ण कृति माना जाता है। रामचरितमानस में तुलसीदास ने न केवल राम की महिमा का वर्णन किया है, बल्कि समाज में व्याप्त बुराइयों और कुरीतियों पर भी प्रकाश डाला है।

2.2 विनय पत्रिका

"विनय पत्रिका" तुलसीदास की एक और महत्वपूर्ण रचना है, जिसमें उन्होंने भगवान राम के प्रति अपनी भक्ति और समर्पण को अभिव्यक्त किया है। इस रचना में तुलसीदास ने अपनी विनम्रता और आस्था को सुंदर छंदों में प्रस्तुत किया है।

3. तुलसीदास के समय की चुनौतियाँ

3.1 धार्मिक संघर्ष

तुलसीदास का समय धार्मिक संघर्षों का समय था। हिन्दू और मुस्लिम समुदायों के बीच संघर्ष और संवाद का माहौल था। तुलसीदास ने अपनी रचनाओं में धार्मिक सहिष्णुता और मानवता का संदेश दिया।

3.2 सामाजिक असमानता

समाज में जाति-पाति और छुआछूत जैसी सामाजिक बुराइयाँ व्याप्त थीं। तुलसीदास ने अपनी रचनाओं में इन बुराइयों का विरोध किया और समाज में समता और भाईचारे का संदेश दिया।

3.3 राजनीतिक अस्थिरता

मुगल साम्राज्य के दौरान भारत में राजनीतिक अस्थिरता थी। विभिन्न राज्यों और साम्राज्यों के बीच सत्ता संघर्ष चल रहा था। तुलसीदास ने अपने साहित्य में इस राजनीतिक अस्थिरता का भी वर्णन किया और समाज में स्थिरता और शांति की कामना की।

आधुनिक दृष्टिकोण

4. तुलसीदास का साहित्य और आधुनिक समाज

4.1 धार्मिक पुनरुद्धार

तुलसीदास की रचनाएँ आधुनिक समाज में धार्मिक पुनरुद्धार का स्रोत हैं। उनकी रचनाओं में धार्मिक और नैतिक शिक्षाएँ आज भी प्रासंगिक हैं। "रामचरितमानस" और "विनय पत्रिका" जैसी रचनाएँ आज भी भारतीय समाज में पूजा और अध्ययन का महत्वपूर्ण हिस्सा हैं।

4.2 सामाजिक सुधार

तुलसीदास ने अपने समय की सामाजिक बुराइयों के खिलाफ आवाज उठाई थी। उनकी रचनाएँ आज भी सामाजिक सुधार के आंदोलनों में प्रेरणा का स्रोत हैं। जाति-पाति और छुआछूत जैसी बुराइयों के खिलाफ उनकी शिक्षाएँ आज भी समाज में बदलाव लाने के लिए महत्वपूर्ण हैं।

4.3 मानवता और सहिष्णुता

तुलसीदास की रचनाओं में मानवता और धार्मिक सहिष्णुता का संदेश है। आधुनिक समाज में, जहाँ धार्मिक और सांप्रदायिक तनाव व्याप्त है, तुलसीदास की शिक्षाएँ शांति और सहअस्तित्व के लिए महत्वपूर्ण हो सकती हैं।

5. तुलसीदास की रचनाओं का साहित्यिक मूल्यांकन

5.1 भाषा और शैली

तुलसीदास ने अपनी रचनाओं में अवधी भाषा का प्रयोग किया, जो उस समय की आम बोलचाल की भाषा थी। उनकी भाषा सरल, सहज, और प्रभावशाली है, जो उनकी रचनाओं को जनसामान्य के बीच लोकप्रिय बनाती है।

5.2 काव्यशैली और छंद

तुलसीदास की काव्यशैली और छंद संरचना अद्वितीय हैं। उन्होंने दोहा, चौपाई, सोरठा, और अन्य छंदों का प्रयोग करके अपनी रचनाओं को सजीव और आकर्षक बनाया है। उनकी काव्यशैली में सरलता और गहराई का अद्भुत संतुलन है।

5.3 भावनात्मक गहराई

तुलसीदास की रचनाओं में भावनात्मक गहराई है। उन्होंने अपने अनुभवों और आस्थाओं को अपनी रचनाओं में सजीव रूप में प्रस्तुत किया है। उनकी रचनाओं में भक्ति, प्रेम, करुणा, और संवेदनशीलता का अद्भुत मेल है।

6. तुलसीदास की समकालीन प्रासंगिकता

6.1 धार्मिक और नैतिक शिक्षाएँ

तुलसीदास की धार्मिक और नैतिक शिक्षाएँ आज भी प्रासंगिक हैं। उनके संदेश मानवता, सहिष्णुता, और भक्ति के मूल्य को स्थापित करते हैं। आधुनिक समाज में, जहाँ नैतिकता और आध्यात्मिकता की आवश्यकता है, तुलसीदास की शिक्षाएँ महत्वपूर्ण हो सकती हैं।

6.2 सामाजिक न्याय और समानता

तुलसीदास ने समाज में व्याप्त असमानताओं और बुराइयों के खिलाफ आवाज उठाई थी। उनकी रचनाएँ आज भी सामाजिक न्याय और समानता के आंदोलनों में प्रेरणा का स्रोत हो सकती हैं। जाति-पाति, छुआछूत, और अन्य सामाजिक बुराइयों के खिलाफ उनकी शिक्षाएँ आज भी महत्वपूर्ण हैं।

6.3 सांप्रदायिक सौहार्द

तुलसीदास की रचनाओं में धार्मिक सहिष्णुता और मानवता का संदेश है। आधुनिक समाज में, जहाँ धार्मिक और सांप्रदायिक तनाव व्याप्त है, तुलसीदास की शिक्षाएँ शांति और सहअस्तित्व के लिए महत्वपूर्ण हो सकती हैं।

7. तुलसीदास की रचनाओं का साहित्यिक योगदान

7.1 भक्ति आंदोलन

तुलसीदास की रचनाएँ भक्ति आंदोलन का महत्वपूर्ण हिस्सा हैं। उन्होंने भक्ति के माध्यम से समाज में आध्यात्मिकता और नैतिकता के मूल्यों को स्थापित किया। उनकी रचनाओं ने भक्ति आंदोलन को नया आयाम दिया और इसे जनसामान्य तक पहुँचाया।

7.2 भारतीय साहित्य में स्थान

तुलसीदास की रचनाएँ भारतीय साहित्य के महत्वपूर्ण स्तंभ हैं। उनकी भाषा, शैली, और विषयवस्तु ने हिंदी साहित्य को समृद्ध किया है। उन्होंने हिंदी साहित्य को धार्मिक, नैतिक, और सामाजिक दृष्टि से महत्वपूर्ण योगदान दिया है।

7.3 विश्व साहित्य में स्थान

तुलसीदास की रचनाएँ न केवल भारतीय साहित्य में, बल्कि विश्व साहित्य में भी महत्वपूर्ण स्थान रखती हैं। उनकी रचनाओं में निहित मानवता, भक्ति, और नैतिकता के संदेश वैश्विक दृष्टिकोण से महत्वपूर्ण हैं। तुलसीदास का साहित्यिक योगदान विश्व साहित्य को भी समृद्ध करता है।

8. तुलसीदास की रचनाओं का आध्यात्मिक महत्व

8.1 रामचरितमानस का आध्यात्मिक दृष्टिकोण

"रामचरितमानस" तुलसीदास की प्रमुख रचना है, जिसमें भगवान राम की महिमा और उनकी लीलाओं का वर्णन है। इस ग्रंथ में आध्यात्मिकता, नैतिकता, और धार्मिकता के महत्वपूर्ण संदेश हैं। तुलसीदास ने रामचरितमानस के माध्यम से राम के आदर्श जीवन और उनकी शिक्षाओं को प्रस्तुत किया है, जो आज भी आध्यात्मिक पथ पर चलने वालों के लिए मार्गदर्शक हैं।

8.2 विनय पत्रिका का आध्यात्मिक महत्व

"विनय पत्रिका" तुलसीदास की एक और महत्वपूर्ण रचना है, जिसमें उन्होंने भगवान राम के प्रति अपनी भक्ति और समर्पण को व्यक्त किया है। इस रचना में तुलसीदास ने विन

निष्कर्ष

तुलसीदास भारतीय साहित्य और संस्कृति के अद्वितीय रत्न हैं। उनकी रचनाओं ने न केवल भारतीय समाज में धार्मिक और आध्यात्मिक चेतना को जागृत किया, बल्कि नैतिकता, सदाचार और सामाजिक सुधार के संदेश को भी फैलाया। 'रामचरितमानस', 'विनयपत्रिका', 'दोहावली', 'कवितावली', 'गीतावली', और 'हनुमान चालीसा' जैसी रचनाएँ आज भी भारतीय समाज में उच्च स्थान रखती हैं और लोगों को जीवन के सच्चे मार्ग पर चलने की प्रेरणा देती हैं।

तुलसीदास ने अपनी भक्ति भावना, काव्य प्रतिभा, और समाज सुधार की दृष्टि से भारतीय समाज को एक नई दिशा दी। उनकी रचनाएँ न केवल साहित्यिक दृष्टिकोण से महत्वपूर्ण हैं, बल्कि सामाजिक और धार्मिक दृष्टिकोण से भी

अत्यंत महत्वपूर्ण हैं। उन्होंने अपने काव्य के माध्यम से भक्ति, प्रेम, नैतिकता, और सदाचार का अद्वितीय संदेश दिया, जिसने भारतीय समाज को समृद्ध और सशक्त बनाया।

तुलसीदास की काव्य शैली में भाषा, छंद, अलंकार, और रस का अद्वितीय समन्वय है। उनकी भक्ति भावना निस्वार्थ, समर्पित, और प्रेमपूर्ण है, जिसने उन्हें भारतीय भक्ति साहित्य में एक विशिष्ट स्थान दिलाया। उनकी रचनाओं ने न केवल उनके समय में, बल्कि आज भी लोगों को प्रेरित किया है और भारतीय साहित्य को समृद्ध किया है।

तुलसीदास की रचनाओं का समाज पर गहरा और स्थायी प्रभाव है। उनकी रचनाओं ने समाज में नैतिकता, धर्म, और भक्ति का संदेश फैलाया और लोगों को सही मार्ग पर चलने के लिए प्रेरित किया। तुलसीदास की काव्य रचनाएँ आज भी प्रासंगिक हैं और समाज में नैतिकता, धर्म, और भक्ति का संदेश फैलाने में महत्वपूर्ण योगदान दे रही हैं।

संदर्भ और अनुक्रमणिका

तुलसीदास के प्रमुख ग्रंथ

1. रामचरितमानस: भगवान राम की कथा का अद्वितीय ग्रंथ, जिसमें उनकी लीलाओं और गुणों का सुंदर वर्णन है।

2. विनयपत्रिका: भगवान राम के प्रति समर्पण और विनम्रता का अद्वितीय संग्रह।

3. दोहावली: तुलसीदास के दोहों का संग्रह, जिसमें जीवन के अनुभवों और धार्मिक सिद्धांतों का सटीक वर्णन है।

4. कवितावली: विभिन्न छंदों और अलंकारों का प्रयोग करके रचित कविताओं का संग्रह।

5. गीतावली: भगवान राम के जीवन की घटनाओं को गीत के रूप में प्रस्तुत करने वाला ग्रंथ।

6. हनुमान चालीसा: भगवान हनुमान की स्तुति में रचित 40 चौपाइयों का संग्रह।

तुलसीदास की भक्ति भावना के प्रमुख बिंदु

1. निस्वार्थ भक्ति: बिना किसी प्रतिफल की इच्छा के भगवान राम के प्रति भक्ति।

2. समर्पण की भावना: जीवन की हर परिस्थिति में भगवान राम के प्रति समर्पण।

3. प्रेम और श्रद्धा: भगवान राम के प्रति अटूट प्रेम और श्रद्धा।

तुलसीदास की काव्य शैली के प्रमुख तत्व

1. भाषा: अवधी और ब्रज भाषा का प्रयोग।

2. छंद: चौपाई, दोहा, सोरठा, कुंडलिया आदि छंदों का प्रयोग।

3. अलंकार: अनुप्रास, उपमा, रूपक, यमक आदि अलंकारों का कुशल प्रयोग।

4. रस: श्रृंगार, वीर, करुण, अद्भुत, शांत आदि रसों का समावेश।

तुलसीदास का समाज पर प्रभाव

1. जाति और वर्ग भेदभाव के खिलाफ आवाज: समाज में जाति और वर्ग भेदभाव के खिलाफ संघर्ष।

2. धार्मिक एकता और समन्वय: विभिन्न धर्मों और संप्रदायों के बीच समन्वय और सहयोग का संदेश।

3. नैतिकता और सदाचार का संदेश: जीवन में नैतिकता और धर्म का पालन करने की प्रेरणा।

4. भक्ति आंदोलन पर प्रभाव: भक्ति को सरल और सुलभ बनाकर भक्ति आंदोलन को नया दिशा और गति प्रदान करना।

5. शिक्षा और साहित्य पर प्रभाव: भारतीय साहित्य को समृद्ध करना और शिक्षा के क्षेत्र में योगदान देना।

6. सामाजिक सुधार में भूमिका: समाज की बुराइयों और कुरीतियों के खिलाफ संघर्ष और समाज सुधार का संदेश।

तुलसीदास की रचनाएँ और उनकी भक्ति भावना ने भारतीय समाज को नई दिशा दी है और उनके काव्य ने साहित्यिक और सामाजिक दृष्टिकोण से महत्वपूर्ण योगदान दिया है। उनकी रचनाओं का प्रभाव सदैव बना रहेगा और आने वाली पीढ़ियों को प्रेरित करता रहेगा।